高职动车组检修技术专业
技能考核标准与题库

晋永荣　黄　杰　王　宁　著

北京交通大学出版社

·北京·

内 容 简 介

本书基于动车组检修技术专业技能考核内容，依据动车组检修技术专业岗位群的电气操作技术、钳工作业技术、动车组运用与检修等核心工作能力要求编写。

书中共设置电气设备的装配与调试、常用机械零件的加工、动车组运用、动车组检修四大考核模块。各考核模块及主要考核要点均对标行业头部企业真实考核任务和标准，依据本专业人才培养目标定位，以具体的工作项目为载体，考察学生基本安全用电知识，常用仪器仪表和工具的使用能力，元器件的选型、检测能力，线路的安装、调试能力；考核学生装配钳工基本知识，以及基本操作方法、基本技能的掌握情况；考核学生对动车组乘务员一次出乘标准化作业、动车组操纵、动车组非正常行车等专业核心技能的掌握程度；考核学生对动车组电气及机械部件的结构与工作原理的认知程度，从多方面考核学生的职业能力及职业素养。通过完成技能抽查项目，加强专业教学内容与岗位工作任务的无缝对接，满足培养学生综合能力的需要。

本书可作为动车组检修技术专业教学用书。

图书在版编目（CIP）数据

高职动车组检修技术专业技能考核标准与题库 / 晋永荣，黄杰，王宁著. -- 北京：北京交通大学出版社，2024. 8. -- ISBN 978-7-5121-5294-6

Ⅰ. U269

中国国家版本馆 CIP 数据核字第 202441KM34 号

高职动车组检修技术专业技能考核标准与题库
GAOZHI DONGCHEZU JIANXIU JISHU ZHUANYE JINENG KAOHE BIAOZHUN YU TIKU

策划编辑：张 亮　责任编辑：陈跃琴
出版发行：北京交通大学出版社　　　　电话：010-51686414　　http://www.bjtup.com.cn
地　　址：北京市海淀区高梁桥斜街 44 号　邮编：100044
印 刷 者：北京时代华都印刷有限公司
经　　销：全国新华书店
开　　本：185 mm×260 mm　　印张：8.75　　字数：218 千字
版 印 次：2024 年 8 月第 1 版　　2024 年 8 月第 1 次印刷
定　　价：36.00 元

本书如有质量问题，请向北京交通大学出版社质监组反映。对您的意见和批评，我们表示欢迎和感谢。
投诉电话：010-51686043，51686008；传真：010-62225406；E-mail：press@bjtu.edu.cn。

前　言

近年来，我国高速铁路发展迅速，动车组作为高速铁路的运输载体，其维修和检修技术水平直接关系到铁路运输的安全和效率。为适应高职院校动车组检修技术专业人才培养的需求，确保学生掌握扎实的专业技能与理论知识，"高职动车组检修技术专业技能考核标准与题库"一书应运而生。

本书旨在为高职院校相关专业提供一套系统化的技术标准与考核题库，以便于教师在教学过程中有效评估学生的专业技能，同时为学生提供自我检测和巩固知识的工具。本书涵盖了动车组运用与检修作业的核心技术指标和相关要求，确保学生在实际操作中具备应对各种实际问题的能力。

此外，随着科技的不断进步和行业的快速发展，动车组运用与检修技术也在不断更新升级。本书将定期进行修订与更新，以便与时俱进，反映最新的技术标准和行业需求，从而为高职院校的相关专业教学提供有力支持。

本书不仅仅是一本教学参考书，更是一个能推动高职院校动车组检修技术专业发展的工具。希望本书能为广大教师和学生提供实用的指导与帮助，与大家一起为我国高铁事业的繁荣做出贡献。

作者

2024 年 6 月

目　录

下篇　动车组检修技术专业技能考核题库

上　篇
动车组检修技术专业技能考核标准

一、专业名称及适用对象

1. 专业名称

动车组检修技术（专业代码：500108）。

2. 适用对象

高职高专全日制毕业年级学生。

二、考 核 内 容

动车组检修技术专业技能考核是为培养从事动车组维护、动车组运用、动车组检修工作的复合型技术技能人才服务的，主要以培养具有动车组地勤机械师、动车组随车机械师等岗位核心技能为目标，在前续课程的基础上进一步培养学生从事动车组运用与检修相关工种的技术能力，为后续跟岗实习、就业等专业相关实践活动奠定扎实的理论和实践操作基础。该技能考核标准是依据《动车组机械师职业技能等级证书（中级）》《轨道交通电气设备装调"1+X"证书》《钳工（中级）职业资格证书》《电工（中级）职业资格证书》的各项技能要求编排和组织的，以动车组地勤机械师、动车组随车机械师岗位的能力要求，国家职业标准，以及企业实际工作任务为依据，共确定了在 4 个模块 50 个技能操作项目的题库范围中考核。考核模块及主要考核要点如表 1 所示。

表 1　考核模块及主要考核要点

序号	模块名称		考核要点	说明
1	电气设备的装配与调试	常用电气设备的检测与装调	（1）考核学生基本安全用电知识掌握情况； （2）考核学生常用电工仪器仪表和电工工具的使用与操作； （3）考核学生对常用电工、电子元器件的选型、检测能力； （4）考核学生安装、调试配电线路、照明线路等简单电工操作能力。 考核时量：60～100 min	

序号	模块名称		考核要点	说明
1	电气设备的装配与调试	交流电机控制线路安装与调试	（1）考核学生安装调试交流电机电气控制线路的能力； （2）考核学生分析和排除线路故障的能力。 考核时量：110～150 min	
2	常用机械零件的加工测量	孔类零件的加工测量	考核学生是否具备针对孔类零件完成钳工划线、钻孔、攻丝、测量等基本钳工技能。 考核时量：60～120 min	
		板类零件的加工测量	考核学生是否具备针对板类零件完成钳工划线、钻孔、锯割、锉削、测量技能的综合运用能力。 考核时量：每题60～120 min	
3	动车组运用	动车组应急故障处理	考核学生动车组运行过程中出现故障的应急处置能力。 考核时量：60～80 min	
		动车组操纵	考核学生对不同类型动车组的操纵能力。 考核时量：60～80 min	
4	动车组检修	动车组日常检查	考核学生对动车组高压设备、司机室设备、机械设备、制动装置的日常检测能力。 考核时量：60～120 min	
		动车组设备维护	考核学生对动车组关键部件的故障维护能力。 考核时量：60～120 min	

模块 1　电气设备的装配与调试

项目 1　常用电气设备的检测与装调

1. 技能要求

以《铁路应用：机车车辆牵引变压器和电抗器》（IEC 60310：2016）标准、《电气装置安装工程　电气设备交接试验标准》（GB 50150—2016）等为参考，对照明电路进行安装调试，对变压器等设备进行检测。安装调试中，能正确选择和使用工具仪表，并能对产生的故障进行排除。

2. 素养要求

（1）符合企业基本的 6S（整理、整顿、清扫、清洁、素养、安全）管理要求，能按要求进行仪器/工具的定置和归位；工作台面保持清洁，及时清扫废弃管脚及杂物等；能事前进行接地检查，具有遵守电工电气安全操作规范的意识。

（2）符合企业基本的质量管理要求，产品搬运、摆放等符合产品防护要求。

（3）严格遵守作业规章制度，操作方法与操作流程符合规范。

（4）安全责任意识强，安全防护措施规范。

项目 2　交流电机控制线路安装与调试

1. 技能要求

以《铁路应用：机车车辆牵引变压器和电抗器》（IEC 60310：2016）标准、《电气装置安装工程　电气设备交接试验标准》（GB 50150—2016）等为参考，对三相交流异步电机控制电路进行安装调试。安装调试中，能正确选择和使用工具、仪表，能按安装标准工艺要求进行作业，并能对产生的故障进行排除。

2. 素养要求

（1）符合企业基本的 6S（整理、整顿、清扫、清洁、素养、安全）管理要求，能按要求进行仪器/工具的定置和归位；工作台面保持清洁，及时清扫废弃管脚及杂物等；能事前进行接地检查，具有遵守电工电气安全操作规范的意识。

（2）符合企业基本的质量管理要求，产品搬运、摆放等符合产品防护要求。

（3）严格遵守作业规章制度，操作方法与操作流程符合规范。

（4）安全责任意识强，安全防护措施规范。

模块 2　常用机械零件的加工测量

项目 1　孔类零件的加工测量

1. 技能要求

遵循《产品几何技术规范（GPS）表面结构　轮廓法　表面粗糙度参数及其数值》（GB/T 1031—2009）、《产品几何技术规范（GPS）几何公差　形状、方向、位置和跳动公差标准》（GB/T 1182—2018）的要求，选择合适的加工工具和测量工具，对备料进行划线、钻孔、攻丝、测量，使加工后的工件符合图纸要求。

2. 素养要求

（1）符合企业基本的 6S（整理、整顿、清扫、清洁、素养、安全）管理要求，能按要求进行工具/设施的定置和归位，工作台面保持清洁，个人防护用品穿戴到位。

（2）符合企业基本的质量管理要求，产品搬运、摆放等符合产品防护要求。

（3）严格遵守作业规章制度，操作方法与操作流程符合规范。

（4）安全责任意识强，安全防护措施规范。

项目 2　板类零件的加工测量

1. 技能要求

遵循《产品几何技术规范（GPS）表面结构　轮廓法　表面粗糙度参数及其数值》（GB/T 1031—2009）、《产品几何技术规范（GPS）几何公差　形状、方向、位置和跳动公差标准》（GB/T 1182—2018）的要求，选择合适的加工工具和测量工具，对备料进行划线、钻孔、攻丝、测量，使加工后的工件符合图纸要求。

2. 素养要求

（1）符合企业基本的 6S 管理要求，能按要求进行工具/设施的定置和归位，工作台面保持清洁，个人防护用品穿戴到位。

（2）符合企业基本的质量管理要求，产品搬运、摆放等符合产品防护要求。

（3）严格遵守作业规章制度，操作方法与操作流程符合规范。

（4）安全责任意识强，安全防护措施规范。

模块 3 动车组运用

项目 1 动车组应急故障处理

1. 技能要求

以《CRH380A 型动车组应急故障处理手册》《CRH380B 型动车组应急故障处理手册》《CR400AF 型动车组应急故障处理手册》《CR400BF 型动车组应急故障处理手册》《动车组运用维修规程》等为参考，按照相关手册和规程的要求，对动车组运用中出现的故障进行应急处置。

2. 素养要求

（1）符合企业基本的 6S 管理要求，能按要求进行仪器/工具的定置和归位，工作台面保持清洁。

（2）符合企业基本的质量管理要求，产品搬运、摆放等符合产品防护要求。

（3）严格遵守作业规章制度，操作方法与操作流程符合规范。

（4）安全责任意识强，安全防护措施规范。

项目 2 动车组操纵

1. 技能要求

以《CRH380B 型动车组司机操作手册》《CRH380A 型动车组司机操作手册》《CR400AF 型动车组司机操作手册》《CR400BF 型动车组司机操作手册》《动车组司机操控信息系统使用手册》等为参考，按照相关手册和规章的要求，对动车组进行起动、驾驶和停车。

2. 素养要求

（1）符合企业基本的 6S 管理要求，能按要求进行仪器/工具的定置和归位，工作台面保持清洁。

（2）符合企业基本的质量管理要求，产品搬运、摆放等符合产品防护要求。

（3）严格遵守作业规章制度，操作方法与操作流程符合规范。

（4）安全责任意识强，安全防护措施规范。

模块 4　动车组检修

项目 1　动车组日常检查

1. 技能要求

以《DSA380D/DSA250 型受电弓检修作业指导书》《CR400AF/BF 型动车组基础制动装置检修作业指导书》《CR400AF/BF 型动车组转向架检修作业指导书》《动车组运用维修规程》等为参考，按照相关作业指导书和规程的要求，对动车组关键设备进行日常维护。

2. 素养要求

（1）符合企业基本的 6S 管理要求，能按要求进行仪器/工具的定置和归位，工作台面保持清洁。

（2）符合企业基本的质量管理要求，产品搬运、摆放等符合产品防护要求。

（3）严格遵守作业规章制度，操作方法与操作流程符合规范。

（4）安全责任意识强，安全防护措施规范。

项目 2　动车组设备维护

1. 技能要求

以《CR400AF/BF 型动车组一级检修作业标准》《CRH380A/380B 型动车组一级检修作业指导书》《DSA380D/DSA250 型受电弓检修作业指导书》《DSA380D/DSA250 型受电弓碳滑板更换作业指导书》《CR400AF/BF 型动车组电控电动塞拉门检修作业指导书》《CR400AF/BF 型动车组基础制动装置检修作业指导书》《CR400AF/BF 型动车组转向架检修作业指导书》《动车组运用维修规程》等为参考，按照相关作业标准、作业指导书和规程的要求，对动车组关键部件进行日常检查，发现故障并做相关处理。

2. 素养要求

（1）符合企业基本的 6S 管理要求，能按要求进行仪器/工具的定置和归位，工作台面保持清洁。

（2）符合企业基本的质量管理要求，产品搬运、摆放等符合产品防护要求。

（3）严格遵守作业规章制度，操作方法与操作流程符合规范。

（4）安全责任意识强，安全防护措施规范。

三、评 价 标 准

模块 1　电气设备的装配与调试

项目 1　常用电气设备的检测与装调

本项目的技能考核成绩由操作过程与规范、实作结果及质量、职业素养三大部分组成。

1. 考核要点

（1）操作过程与规范主要从作业前准备和操作过程两个方面进行考核，特别注重对操作过程中的安全防护、工具选择及使用、操作方法及操作规范的考核。

（2）实作结果及质量主要从实作结果、质量和时间控制等方面进行考核，特别注重对结果的正确性、精准性及完成效率进行考核。

（3）职业素养主要从基本要求和安全防护两方面进行考核，特别注重对纪律意识、责任意识、安全防护意识、现场 6S 等方面进行考核。

2. 分值权重

职业素养分值权重为 20%；其他两个部分的分值权重为 80%，根据考题的考核侧重点不同，两部分分值权重划分不同，具体见题库部分的评价标准。

3. 评价要点与计分

本任务的考核总成绩满分为 100 分，三部分总计得分大于等于 60 分为合格。评价要点如表 2 所示。

表 2 常用电气设备的检测与装调评价要点

评价项目		考核内容
操作过程与规范	作业前准备	（1）工具材料准备是否齐全，规格型号是否正确； （2）安全防护措施是否齐全，防护操作是否规范； （3）电气元器件数量是否正确，状态是否良好
	操作过程	（1）能否正确使用仪器仪表； （2）操作过程是否规范； （3）是否浪费耗材； （4）是否损坏工具、仪表
实作结果及质量	工艺标准	（1）导线是否进入线槽； （2）导线是否按横平竖直布线； （3）接线螺钉使用是否正确； （4）接点是否松动，接头露铜部分是否过长； （5）电气元器件的使用是否正确； （6）布局是否整齐美观
	质量	（1）是否正确连接线路； （2）是否按照步骤正确操作； （3）是否在规定时间内完成操作
职业素养	基本要求	（1）作业完成后，工具、仪表、设备等是否摆放整齐； （2）考试有无迟到，考核过程中是否存在舞弊、不服从考场安排等情况； （3）作业完成后是否按照 6S 要求清洁工作现场
	安全防护	（1）是否正确穿戴个人防护用品； （2）通电调试是否出现短路等涉及用电安全的情况

项目 2 交流电机控制线路安装与调试

本项目的评价标准与项目 1 基本相似，成绩评定由操作过程与规范、实作结果及质量、职业素养三大部分组成。评价要点如表 3 所示。

表3 交流电机控制线路安装与调试评价要点

评价项目		考核内容
操作过程与规范	作业前准备	（1）工具材料准备是否齐全，规格型号是否正确； （2）安全防护措施是否齐全，防护操作是否规范； （3）电气元器件数量是否正确，状态是否良好
	操作过程	（1）能否正确使用仪器仪表； （2）操作过程是否规范； （3）是否浪费耗材； （4）是否损坏工具、仪表
实作结果及质量	工艺标准	（1）导线是否进入线槽； （2）导线是否按横平竖直布线； （3）接线螺钉使用是否正确； （4）接点是否松动，接头露铜部分是否过长； （5）电气元器件的使用是否正确； （6）布局是否整齐美观
	质量	（1）是否正确连接线路； （2）是否按照步骤正确操作； （3）是否在规定时间内完成操作
职业素养	基本要求	（1）作业完成后，工具、仪表、设备等是否摆放整齐； （2）考试有无迟到，考核过程中是否存在舞弊、不服从考场安排等情况； （3）作业完成后是否按照6S要求清洁工作现场
	安全防护	（1）是否正确穿戴个人防护用品； （2）通电调试是否出现短路等涉及用电安全的情况

模块 2　常用机械零件的加工测量

项目 1　孔类零件的加工测量

本项目的技能考核成绩由操作过程与规范、实作结果及质量、职业素养三大部分组成。

1. 考核要点

（1）操作过程与规范主要从作业前准备和操作过程两个方面进行考核，分值权重分别为 10%、20%，特别注重对技能操作过程中的工具选择及使用、操作方法及操作规范的考核。

（2）实作结果及质量主要从实作结果、质量和时间控制等方面进行考核，特别注重对结果的正确性、精准性及完成效率进行考核。

（3）职业素养主要从基本要求和安全防护两方面进行考核，特别注重对纪律意识、责任意识、安全防护意识、现场 6S 管理等方面进行考核。

2. 分值权重

职业素养分值权重为 20%，其他两个部分的分值权重为 80%，根据考题的考核侧重点不同，两部分分值权重划分不同，具体见题库部分的评价标准。

3. 评价要点与计分

本任务各考题的考核总成绩满分为 100 分，三部分总计得分大于等于 60 分为合格。评价要点如表 4 所示。

表 4　孔类零件的加工测量评价要点

评价项目		考核内容
操作过程与规范	作业前准备	（1）工量具是否清点、检查； （2）安全防护措施是否齐全，防护操作是否规范
	操作过程	（1）能否按照规定图样，清晰、准确地划出工件加工的尺寸样线； （2）能否按划出的尺寸样线进行钻孔； （3）能否按照规定图样进行攻丝； （4）工量具使用是否正确

评价项目		考核内容
实作结果及质量		（1）螺纹是否符合要求； （2）表面粗糙度是否符合要求； （3）孔定位距是否符合尺寸及精度要求； （4）是否超时
职业素养	基本要求	（1）划线、钻孔、攻丝所使用的工量具是否摆放整齐； （2）任务完成后，工作台面是否符合 6S 要求； （3）考试有无迟到，考核过程中是否存在舞弊、不服从考场安排等情况
	安全防护	（1）是否正确穿戴个人防护用品； （2）是否遵守安全用电操作规程

项目 2　板类零件的加工测量

本项目的评价标准与项目 1 基本相似，成绩评定由操作过程与规范、实作结果及质量、职业素养三大部分组成。评价要点如表 5 所示。

表 5　板类零件的加工测量评价要点

评价项目		考核内容
操作过程与规范	作业前准备	（1）划线、钻孔、锯割、锉削的工量具是否经过清点、检查； （2）安全防护措施是否齐全，防护操作是否规范
	操作过程	（1）能否按照规定图样，清晰、准确地划出工件加工的尺寸样线； （2）能否按划出的尺寸样线进行锯割； （3）能否按划出的尺寸样线进行钻孔； （4）能否按图样规定进行锉削； （5）工量具是否损坏

续表

评价项目		考核内容
实作结果及质量		（1）尺寸及精度是否符合要求； （2）内孔尺寸及精度是否符合要求； （3）台阶尺寸及精度是否符合要求； （4）定位尺寸及精度是否符合要求； （5）有无超时
职业素养	基本要求	（1）划线、锯割、钻孔、锉削所使用的工量具是否摆放整齐； （2）任务完成后，工作台面是否符合 6S 要求； （3）考试有无迟到，考核过程中是否存在舞弊、不服从考场安排等情况
	安全防护	（1）是否正确穿戴个人防护用品； （2）是否遵守安全用电操作规程

模块 3　动车组运用

项目 1　动车组应急故障处理

本项目的评价标准与模块 1 项目 1 基本相似，成绩评定由操作过程与规范、实作结果及质量、职业素养三大部分组成。评价要点如表 6 所示。

表 6　动车组应急故障处理评价要点

评价项目		考核内容
操作过程与规范	作业前准备	（1）作业服装是否穿戴整齐，安全帽是否佩戴； （2）是否查看检修工具校验日期
	操作过程	（1）是否按照要求编写工艺流程； （2）按照编写的工艺流程，完成故障应急处置流程

续表

评价项目		考核内容
实作结果及质量		（1）工艺流程是否规范、齐全； （2）是否按照工艺流程完成故障应急处置； （3）有无超时
职业素养	基本要求	（1）工艺流程书写是否规范； （2）能否正确启动模拟驾驶软件； （3）考试有无迟到，考核过程中是否存在舞弊、不服从考场安排等情况
	安全防护	（1）是否正确设置作业安全防护措施； （2）是否遵守安全用电操作规程

项目 2　动车组操纵

本项目的评价标准与模块 1 项目 1 基本相似，成绩评定由操作过程与规范、实作结果及质量、职业素养三大部分组成。评价要点如表 7 所示。

表 7　动车组操纵评价要点

评价项目		考核内容
操作过程与规范	作业前准备	（1）作业服装是否穿戴整齐； （2）出乘工具是否携带齐全
	操作过程	（1）是否按照要求编制工艺流程； （2）是否按照工艺流程进行操作
实作结果及质量		（1）工艺流程是否规范、齐全； （2）是否按要求完成动车组模拟驾驶任务； （3）有无超时
职业素养	基本要求	（1）工艺流程书写是否规范； （2）动车组操纵过程中是否正确执行呼唤应答作业； （3）考试有无迟到，考核过程中是否存在舞弊、不服从考场安排等情况
	安全防护	是否遵守安全用电操作规程

模块 4　动车组检修

项目 1　动车组日常检查

本项目的评价标准与模块 1 项目 1 基本相似，成绩评定由操作过程与规范、实作结果及质量、职业素养三大部分组成。评价要点如表 8 所示。

表 8　动车组日常检查评价要点

评价项目		考核内容
操作过程与规范	作业前准备	（1）工具、材料准备是否齐全，规格型号是否正确； （2）安全防护项目是否齐全，防护操作是否规范
	操作过程	（1）操作步骤、方法是否正确； （2）标准执行是否到位
实作结果及质量		（1）是否按要求正确设计作业工艺； （2）检查流程是否标准； （3）是否发现设定故障； （4）是否超时
职业素养	基本要求	（1）作业过程中及任务完成后，工作场地是否符合 6S 要求； （2）是否正确执行动车组检修"四必"作业法； （3）考试有无迟到，考核过程中是否存在舞弊、不服从考场安排等情况
	安全防护	（1）是否正确穿戴个人防护用品； （2）是否确认作业场地安全； （3）是否遵守安全操作规程

项目 2　动车组设备维护

本项目的评价标准与模块 1 项目 1 基本相似，成绩评定由操作过程与规范、实作结果及质量、职业素养三大部分组成。评价要点如表 9 所示。

表 9　动车组设备维护评价要点

评价项目		考核内容及评分标准
操作过程与规范	作业前准备	（1）作业服装是否穿戴整齐，安全帽是否佩戴； （2）是否查看检修工具校验日期
	操作过程	（1）是否按要求正确编制工艺流程； （2）是否按照工艺流程进行操作
实作结果及质量		（1）工艺流程是否规范、齐全； （2）是否按要求完成设备维护工作； （3）有无超时
职业素养	基本要求	（1）工艺流程书写是否规范； （2）操作过程中，是否正确使用设备及工具； （3）是否正确执行动车组检修"四必"作业法； （4）考试有无迟到，考核过程中是否存在舞弊、不服从考场安排等情况
	安全防护	（1）是否正确设置作业安全防护措施； （2）是否遵守安全用电操作规程

四、抽 考 方 式

1. 模块抽取

本专业技能考核标准的 4 个模块均为必考模块。参考学生按规定比例随机抽取考试模块。各模块考生人数按四舍五入计算，剩余的尾数考生随机在 4 个模块中抽取应试模块。

2. 项目抽取

每个考核模块均设若干考核项目。考生根据抽取的考核模块，随机从对应模块中抽取考核项目。

3. 试题抽取

学生在相应题库中随机抽取 1 套试题进行测试。

五、附 录

1. 相关法律法规

（1）中华人民共和国安全生产法；

（2）中华人民共和国劳动法。

2. 相关规范与标准

（1）IEC 60310：2016 铁路应用：机车车辆牵引变压器和电抗器

（2）电工国家职业技能标准（职业编码：6-31-01-03）

（3）钳工国家职业技能标准（职业编码：6-20-01-01）

（4）GB/T 3—1997 普通螺纹收尾、肩距、退刀槽和倒角

（5）GB/T 145—2001 中心孔

（6）GB/T 197—2018 普通螺纹 公差

（7）GB/T 1031—2009 产品几何技术规范（GPS）表面结构 轮廓法 表面粗糙度参数及其数值

（8）GB/T 1182—2018 产品几何技术规范（GPS）几何公差 形状、方向、位置和跳动公差标注

（9）GB/T 1184—1996 形状和位置公差 未注公差值

（10）GB/T 1804—2000 一般公差 未注公差的线性和角度尺寸的公差

下 篇
动车组检修技术专业技能考核题库

模块 1　电气设备的装配与调试

项目 1　常用电气设备的检测与装调

试题 1-1-1　变压器的质量检测

1. 任务描述

（1）正确使用万用电表判别变压器的同名端，写出判别原理与方法。

（2）正确使用仪表测量变压器原副边绕组之间的绝缘电阻以及绕组对铁芯的绝缘电阻，并判断绝缘电阻是否合格。

2. 实施条件（见表 10）

表 10　变压器质量检测实施条件

项目	基本实施条件	备注
场地	电工实验台位 20 个，室内照明通风良好	必备
仪表	指针式万用表 20 块（附配套测量连接线）、单臂电桥 20 块	必备
材料	小型单相变压器 20 台	必备
工具	剥线钳、斜口钳、压线钳	根据需要配置
测评专家	每 10 名考生配备一名考评员。考评员为中级以上维修电工或者高低压电器装配工	必备

3. 考核时量

60 min。

4. 评分细则（见表 11）

表 11　变压器质量检测评价标准

评价项目		配分	考核内容及评分标准	备注
操作过程与规范（20分）	作业前准备	10	（1）要求工具、材料准备齐全，规格型号相符，每缺或错一件扣5分； （2）要求防护项目齐全、防护操作规范，防护项目每缺一项扣3分，防护操作不规范每处扣2分	（1）出现严重设备损坏、人身伤害，扣40分； （2）严重违反考场纪律，造成恶劣影响的，本大项记0分
	操作过程	10	（1）未检查仪表好坏扣5分；检测方法错误扣5分； （2）使用仪表操作不规范，每处扣5分	
实作结果及质量（60分）	同名端判别	25	（1）测量结果错误扣25分，测量结果不准确扣10分； （2）测量原理与方法不正确扣1～10分	
	绝缘电阻测量	25	（1）原、副边绕组间绝缘电阻测量结果不准确扣5分； （2）原边绕组对铁芯的绝缘电阻测量结果不准确扣5分； （3）副边绕组对铁芯的绝缘电阻测量结果不准确扣5分； （4）结论不正确扣5分	
	时间控制	10	时间控制合理，每超过规定时间1 min扣2分，超过5 min考核立即停止	
职业素养（20分）	基本要求	20	（1）没有正确穿戴个人防护用品，扣5分； （2）操作过程中，工具、仪表、设备等摆放不整齐，扣5分； （3）作业完成后，未整理工具、清洁工作现场，扣5分； （4）考试迟到，考核过程中做与考试无关的事，不服从考场安排，酌情扣1～5分	
合计		100分		

试题 1-1-2　照明电路的装配与调试

1. 任务描述

（1）能够正确地识懂电气原理图（见图1）。

（2）能够按电气原理图要求进行元器件安装。

（3）能够按电气原理图要求进行布线与接线。

（4）进行通电调试。

（5）在考核过程中，注意人身和设备的安全。

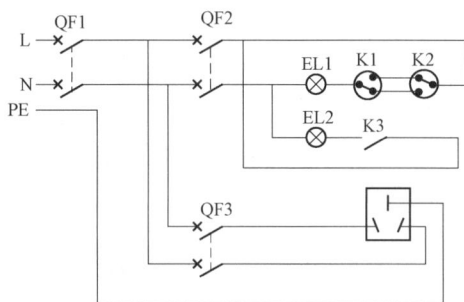

图 1　照明电路电气原理图

2. 实施条件（见表 12）

表 12　照明电路装配与调试实施条件

项目	基本实施条件	备注
场地	电气线路装配训练场，应满足以下条件： （1）能满足 30 人同时进行训练； （2）配置有三相四线交流电源～3×380/220 V、20 A	必备
设施设备	个人防护用品、带漏电保护空气断路器、2P 空气开关、明盒插座、双联开关、单联开关、灯泡、灯座、端子排、网孔板（木板）、塑料铜芯线（单股硬线）、线槽板、螺丝、卡钉	必备
工具	装配通用工具，包括验电笔、钢丝钳、螺丝刀（包括十字口螺丝刀、一字口螺丝刀）、电工刀、尖嘴钳、活扳手、剪刀等	必备
测评专家	每 3 名考生配备一名电工考评员	必备

3. 考核时量

90 min。

4. 评分细则（见表 13）

表 13　照明电路装配与调试评价标准

评价项目		配分	考核内容及评分标准	备注
操作过程与规范（20分）	作业前准备	10	（1）要求工具、材料准备齐全，规格型号相符，每缺或错一件扣5分； （2）要求安全防护项目齐全、防护操作规范，防护项目每缺一项扣3分，防护不规范每处扣2分； （3）按照清单检查元器件数量与好坏，作业过程中提出更换元器件的，每个扣2分	（1）出现严重设备损坏、人身伤害，扣40分； （2）严重违反考场纪律，造成恶劣影响的，本大项记0分
	操作过程	10	（1）不会用仪表检查器件好坏，每个扣5分； （2）操作不规范，扣2～10分； （3）操作过程出现短路，每次扣5分	
实作结果及质量（60分）	工艺质量标准	30	（1）每少接一根线，扣1分； （2）导线未进入线槽（用线槽敷设线路），每处扣1分；完成后每少盖一处盖板扣1分； （3）导线未按横平竖直布线（用明线敷设线路），每处扣1分； （4）每个接线螺钉压接线超过两根，每处扣1分； （5）接点松动、接头露铜过长，每处扣1分； （6）布线不整齐美观，酌情扣1～5分	
	功能标准	30	（1）不能通电扣30分； （2）插座不通电扣10分，不按左零右火接线扣5分； （3）双联开关 K1 与 K2 控制灯泡 EL1 功能不正常，每处扣5分； （4）单联开关 K1 与 K2 控制灯泡 EL2 功能不正常，扣10分； （5）没在规定时间内完成操作，每超过 1 min 扣2分，超过 5 min 考核立即停止	

评价项目		配分	考核内容及评分标准	备注
职业素养 （20分）	基本要求	10	（1）作业过程中，工具、仪表、设备等摆放不整齐，扣2分； （2）作业完成后，未整理工具、清洁工作现场，扣5分； （3）考试迟到，考核过程中做与考试无关的事，不服从考场安排，酌情扣1～5分	（1）出现严重设备损坏、人身伤害，扣40分； （2）严重违反考场纪律，造成恶劣影响的，本大项记0分
	安全防护	10	（1）没有正确穿戴个人防护用品，扣5分； （2）通电调试出现短路，扣10分	
合计		100分		

试题 1-1-3　单相电能计量电路的安装与调试

1. 任务描述

（1）能够正确地识懂电气原理图（见图2）。

（2）能够按电气原理图要求进行元器件安装。

（3）能够按电气原理图要求进行布线与接线。

（4）进行通电调试。

（5）在考核过程中，注意人身和设备的安全。

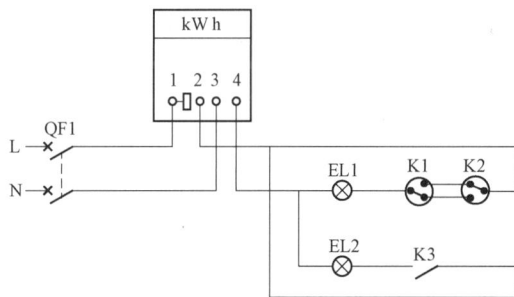

图2　单相电能计量电路电气原理图

2. 实施条件（见表 14）

表 14　单相电能计量电路实施条件

项目	基本实施条件	备注
场地	电气线路装配训练场，应满足以下条件： （1）能满足 30 人同时进行训练； （2）配置有三相四线交流电源～3×380/220 V、20 A	必备
设施设备	个人防护用品、带漏电保护空气断路器、明盒插座、双联开关、单联开关、单相电度表、灯泡、灯座、端子排、网孔板（木板）、塑料铜芯线（单股硬线）、线槽板、螺丝、卡钉	必备
工具	装配通用工具，包括验电笔、钢丝钳、螺丝刀（包括十字口螺丝刀、一字口螺丝刀）、电工刀、尖嘴钳、活扳手、剪刀等	必备
测评专家	每 3 名考生配备一名电工考评员	必备

3. 考核时量

90 min。

4. 评分细则（见表 15）

表 15　单相电能计量电路评价标准

评价项目		配分	考核内容及评分标准	备注
操作过程与规范（20分）	作业前准备	10	（1）要求工具、材料准备齐全，规格型号相符，每缺或错一件扣 5 分； （2）要求安全防护项目齐全、防护操作规范，防护项目每缺一项扣 3 分,防护不规范每处扣 2 分； （3）按照清单检查元器件数量与质量，作业过程中提出更换元器件的，每个扣 2 分	（1）出现严重设备损坏、人身伤害，扣 40 分； （2）严重违反考场纪律，造成恶劣影响的，本大项记 0 分
	操作过程	10	（1）不会用仪表检查元器件好坏，每个扣 5 分； （2）操作不规范，酌情扣 2～10 分； （3）操作过程出现短路，每次扣 5 分	

评价项目		配分	考核内容及评分标准	备注
实作结果及质量（60分）	工艺质量标准	30	（1）每少接一根线，扣1分； （2）导线未进入线槽（用线槽敷设线路），每处扣1分；完成后每少盖一处盖板扣1分； （3）导线未按横平竖直布线（用明线敷设线路），每处扣1分； （4）每个接线螺钉压接线超过两根，每处扣1分； （5）接点松动、接头露铜过长，每处扣1分； （6）布线不整齐美观，酌情扣1～5分	（1）出现严重设备损坏、人身伤害，扣40分； （2）严重违反考场纪律，造成恶劣影响的，本大项记0分
	功能标准	30	（1）不能通电，扣40分； （2）单相电表不转，扣10分； （3）开关K3控制灯泡EL2功能不正常，扣10分； （4）双联开关K1与K2控制灯泡EL1功能不正常，每处扣5分； （5）没在规定时间内完成操作，每超过1min扣2分，超过5min考核立即停止	
职业素养（20分）	基本要求	10	（1）作业过程中，工具、仪表、设备等摆放不整齐，扣2分； （2）作业完成后，未整理工具、清洁工作现场，扣5分； （3）考试迟到，考核过程中做与考试无关的事、不服从考场安排，酌情扣1～5分	
	安全防护	10	（1）没有正确穿戴个人防护用品，扣5分； （2）作业过程中出现短路，扣10分	
合计	100分			

试题 1-1-4 单相动力与计量电路的安装与调试

1. 任务描述

（1）能够正确地识懂电气原理图（见图 3）。

（2）能够按电气原理图要求进行元器件安装。

（3）能够按电气原理图要求进行布线与接线。

（4）进行通电调试（单相电机可以用 60 W 以上灯泡代替）。通电后，如果发现电能表转得过慢，可以将电流互感器一次侧穿芯两匝以上。

（5）在考核过程中，注意人身和设备的安全。

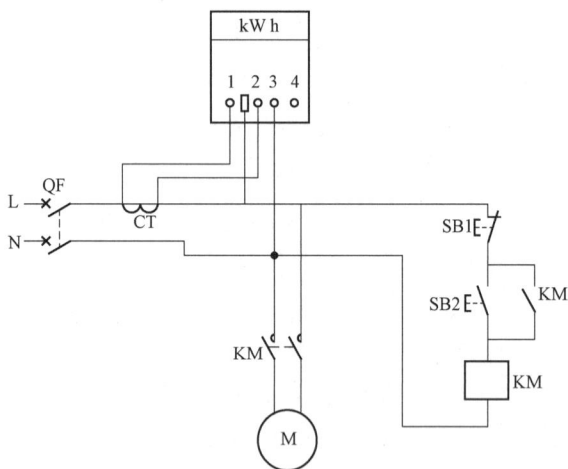

图 3 单相动力与计量电路电气原理图

2. 实施条件（见表 16）

表 16 单相动力与计量电路实施条件

项目	基本实施条件	备注
场地	电气线路装配训练场，应满足以下条件： （1）能满足 30 人同时进行训练； （2）配置有三相四线交流电源～3×380/220 V、20 A	必备
设施设备	个人防护用品、带漏电保护空气断路器、三联按钮、20/5 电流互感器、单相电度表、220 V 灯泡（或 220 V 风扇）、灯座、端子排、网孔板（木板）、塑料铜芯线（单股硬线）、线槽板、螺丝、卡钉	必备

续表

项目	基本实施条件	备注
工具	装配通用工具，包括验电笔、钢丝钳、螺丝刀（包括十字口螺丝刀、一字口螺丝刀）、电工刀、尖嘴钳、活扳手、剪刀等	必备
测评专家	每 3 名考生配备一名电工考评员	必备

3. 考核时量

100 min。

4. 评分细则（见表 17）

表 17　单相动力与计量电路评价标准

评价项目		配分	考核内容及评分标准	备注
操作过程与规范（20分）	作业前准备	10	（1）要求工具、材料准备齐全，规格型号相符，每缺或错一件扣 5 分； （2）要求安全防护项目齐全、防护操作规范，防护项目每缺一项扣 3 分，防护不规范每处扣 2 分； （3）按照清单检查元器件数量与质量，作业过程中提出更换元器件的，每个扣 2 分	（1）出现严重设备损坏、人身伤害，扣40分； （2）严重违反考场纪律，造成恶劣影响的，本大项记 0 分
	操作过程	10	（1）不会用仪表检查元器件好坏，每个扣 5 分； （2）操作不规范，酌情扣 2～10 分； （3）操作过程中出现短路，每次扣 5 分	
实作结果及质量（60分）	工艺质量标准	30	（1）每少接一根线，扣 1 分； （2）导线未进入线槽（用线槽敷设线路），每处扣 1 分；完成后每少盖一处盖板扣 1 分； （3）导线未按横平竖直布线（用明线敷设线路），每处扣 1 分； （4）每个接线螺钉压接线超过两根，每处扣 1 分； （5）接点松动、接头露铜过长，每处扣 1 分； （6）布线不整齐美观，酌情扣 1～5 分	

续表

评价项目		配分	考核内容及评分标准	备注
实作结果及质量（60分）	功能标准	30	（1）不能通电，扣30分； （2）单相电表不转，扣10分； （3）起动与停止电路功能不正常，每处扣5分（起动、停止）； （4）风扇不转（灯泡不亮），扣10分； （5）没在规定时间内完成操作，每超过1 min扣2分，超过5 min考核立即停止	（1）出现严重设备损坏、人身伤害，扣40分； （2）严重违反考场纪律,造成恶劣影响的,本大项记0分
职业素养（20分）	基本要求	10	（1）作业过程中，工具、仪表、设备等摆放不整齐，扣2分； （2）作业完成后，未整理工具、清洁工作现场，扣5分； （3）考试迟到，考核过程中做与考试无关的事、不服从考场安排，酌情扣1～5分	
	安全防护	10	（1）没有正确穿戴个人防护用品，扣5分； （2）作业过程中出现短路，扣10分	
合计		100分		

项目 2　交流电机控制线路安装与调试

试题 1-2-1　电动机正反转运行电路的装配与调试

1. 任务描述

（1）能够正确地识懂电气原理图（见图4）。

（2）能够按电气原理图要求进行元器件安装。

（3）能够按电气原理图要求进行布线与接线（现场不压端子）。

（4）进行通电调试。

（5）在考核过程中，注意人身和设备的安全。

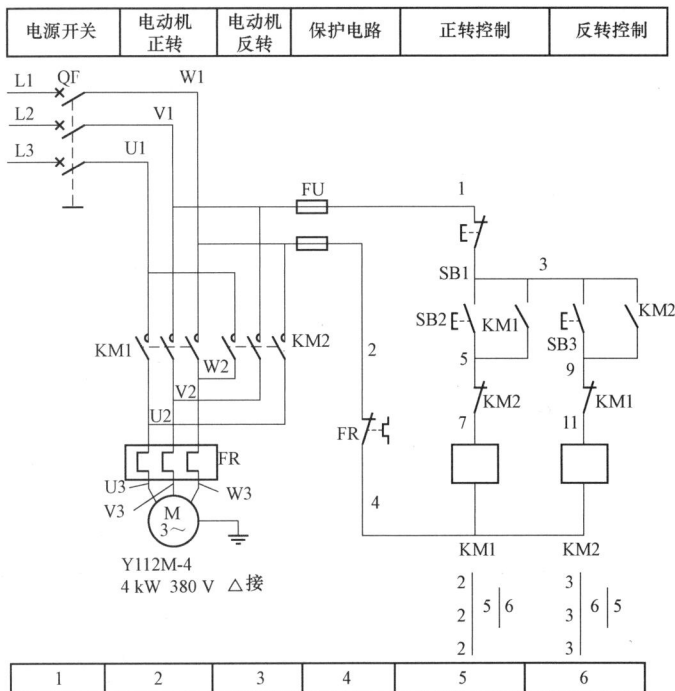

图 4　电动机正反转运行电路的装配与调试电气原理图

2. 实施条件（见表 18）

表 18　电动机正反转运行电路的装配与调试实施条件

项目	基本实施条件	备注
场地	电气线路装配训练场，应满足以下条件： （1）能满足 30 人同时进行训练； （2）配置有三相四线交流电源～3×380/220 V、20 A	必备
设施设备	圆珠笔、个人防护用品、空气断路器、组合三联按钮、交流接触器、热继电器、熔断器、接线端子排、网孔板、试车专用线、塑料铜芯线、线槽板、螺丝、三相异步电动机	必备
工具	装配通用工具，包括验电笔、钢丝钳、螺丝刀（包括十字口螺丝刀、一字口螺丝刀）、电工刀、尖嘴钳、活扳手、剪刀等	必备
测评专家	每 3 名考生配备一名电工考评员	必备

31

3. 考核时量

110 min。

4. 评分细则（见表 19）

表 19　电动机正反转运行电路的装配与调试评价标准

评价项目		配分	考核内容及评分标准	备注
操作过程与规范（20分）	作业前准备	10	（1）要求工具、材料准备齐全，规格型号相符，每缺或错一件扣 5 分； （2）要求安全防护项目齐全、防护操作规范，防护项目每缺一项扣 3 分，防护不规范每处扣 2 分； （3）按照清单检查元器件数量与质量，作业过程中提出更换元器件的，每个扣 2 分	（1）出现严重设备损坏、人身伤害，扣40分； （2）严重违反考场纪律，造成恶劣影响的，本大项记 0 分
	操作过程	10	（1）不会用仪表检查元器件好坏，每个扣 5 分； （2）操作不规范，酌情扣 2～10 分； （3）操作过程出现短路，每次扣 5 分	
实作结果及质量（60分）	工艺质量标准	30	（1）每少接一根线，扣 1 分； （2）导线未进入线槽，有跨接，每处扣 1 分，完成后每少盖一处盖板扣 1 分； （3）导线不经过端子板，每根扣 1 分；每个接线螺钉压接线超过两根，每处扣 1 分； （4）接点松动、接头露铜过长，每处扣 0.5 分； （5）布线不整齐美观，酌情扣 1～5 分	
	功能标准	30	（1）没有试车，扣 30 分； （2）每缺少一项功能（正转起动运行与反转起动运行、停止功能），扣 10 分； （3）没在规定时间内完成操作，每超过 1 min 扣 2 分，超过 5 min 考核立即停止	

续表

评价项目		配分	考核内容及评分标准	备注
职业素养（20分）	基本要求	10	（1）作业过程中，工具、仪表、设备等摆放不整齐，扣2分； （2）作业完成后，未整理工具、清洁工作现场，扣5分； （3）考试迟到，考核过程中做与考试无关的事，不服从考场安排，酌情扣1～5分	（1）出现严重设备损坏、人身伤害，扣40分； （2）严重违反考场纪律，造成恶劣影响的，本大项记0分
	安全防护	10	（1）没有正确穿戴个人防护用品，扣5分； （2）作业过程中出现短路，扣10分	
合计		100分		

试题 1-2-2　电动机双重联锁正反转运行电路装配与调试

1. 任务描述

（1）能够正确地识懂电气原理图（见图5）。

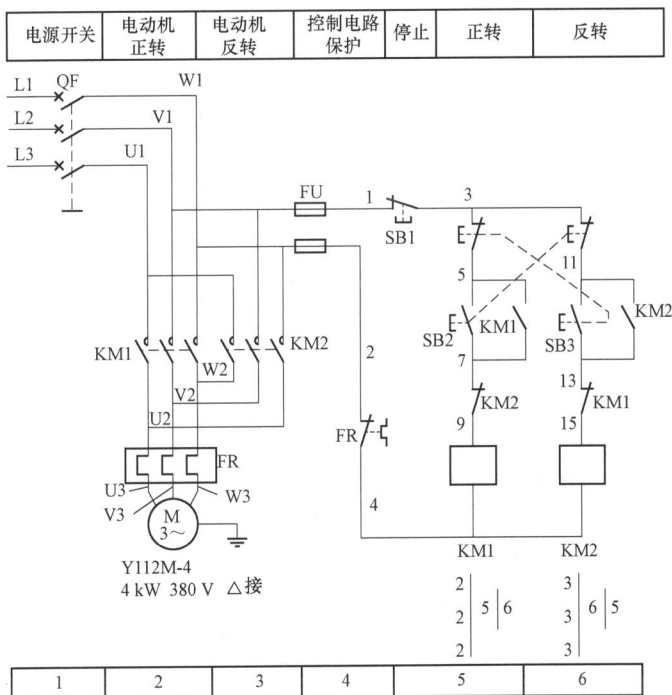

图5　电动机双重联锁正反转运行电路装配与调试电气原理图

（2）能够按电气原理图要求进行元器件安装。

（3）能够按电气原理图要求进行布线与接线（现场不压端子）。

（4）进行通电调试。

（5）在考核过程中，注意人身和设备的安全。

2. 实施条件（见表 20）

表 20　电动机双重联锁正反转运行电路装配与调试实施条件

项目	基本实施条件	备注
场地	电气线路装配训练场，应满足以下条件： （1）30 人同时进行训练； （2）配置有三相四线交流电源～3×380/220 V、20 A	必备
设施设备	圆珠笔、个人防护用品、空气断路器、组合三联按钮、交流接触器、热继电器、熔断器、接线端子排、网孔板、试车专用线、塑料铜芯线、线槽板、螺丝、三相异步电动机	必备
工具	装配通用工具，包括验电笔、钢丝钳、螺丝刀（包括十字口螺丝刀、一字口螺丝刀）、电工刀、尖嘴钳、活扳手、剪刀等	必备
测评专家	每 3 名考生配备一名电工考评员	必备

3. 考核时量

120 min。

4. 评分细则（见表 21）

表 21　电动机双重联锁正反转运行电路装配与调试评价标准

评价项目		配分	考核内容及评分标准	备注
操作过程与规范（20 分）	作业前准备	10	（1）要求工具、材料准备齐全，规格型号相符，每缺或错一件扣 5 分； （2）要求安全防护项目齐全、防护操作规范，防护项目每缺一项扣 3 分，防护不规范每处扣 2 分； （3）按照清单检查元器件数量与质量，作业过程中提出更换元器件的，每个扣 2 分	（1）出现严重设备损坏、人身伤害，扣 40 分；

评价项目		配分	考核内容及评分标准	备注
操作过程与规范（20分）	操作过程	10	（1）不会用仪表检查元器件好坏，每个扣5分； （2）操作不规范，酌情扣2～10分； （3）操作过程出现短路，每次扣5分	
实作结果及质量（60分）	工艺质量标准	30	（1）每少接一根线，扣1分； （2）导线未进入线槽，有跨接，每处扣1分； （3）导线不经过端子板，每根线扣1分；每个接线螺钉压接线超过两根，每处扣1分； （4）接点松动、接头露铜过长，每处扣0.5分； （5）布线不整齐美观，酌情扣1～5分； （6）完成后每少盖一处盖板扣1分	（2）严重违反考场纪律，造成恶劣影响的，本大项记0分
	功能标准	30	（1）没有试车，扣30分； （2）每缺少一项功能（双重联锁、正转功能、反转功能、停止功能），扣7分； （3）没在规定时间内完成操作，每超过1 min扣2分，超过5 min考核立即停止	
职业素养（20分）	基本要求	10	（1）作业过程中，工具、仪表、设备等摆放不整齐，扣2分； （2）作业完成后，未整理工具、清洁工作现场，扣5分； （3）考试迟到，考核过程中做与考试无关的事，不服从考场安排，酌情扣1～5分	
	安全防护	10	（1）没有正确穿戴个人防护用品，扣5分； （2）作业过程中出现短路扣10分	
合计		100分		

试题 1-2-3 　两台电动机顺序起动电路的装配与调试

1. 任务描述

（1）能够正确地识懂电气原理图（见图6）。

（2）能够按电气原理图要求进行元器件安装。

（3）能够按电气原理图要求进行布线与接线（现场不压端子）。

（4）进行通电调试。

（5）在考核过程中，注意人身和设备的安全。

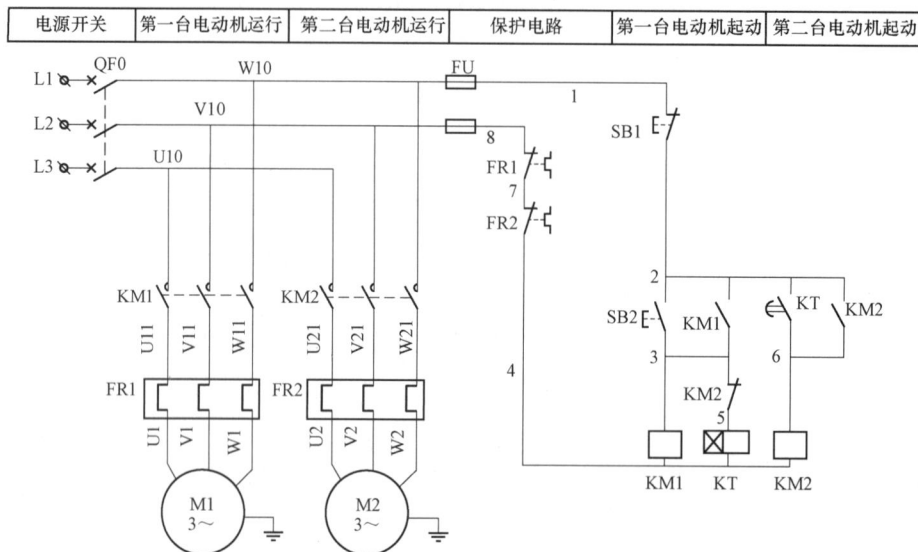

图6　两台电动机顺序起动电路的装配与调试电气原理图

2. 实施条件（见表22）

表22　两台电动机顺序起动电路的装配与调试实施条件

项目	基本实施条件	备注
场地	电气线路装配训练场，应满足以下条件： （1）能满足30人同时进行训练； （2）配置有三相四线交流电源～3×380/220 V、20 A	必备
设施设备	圆珠笔、个人防护用品、空气断路器、组合三联按钮、交流接触器、热继电器、熔断器、接线端子排、网孔板、试车专用线、时间继电器、塑料铜芯线、线槽板、螺丝、三相异步电动机	必备
工具	装配通用工具，包括验电笔、钢丝钳、螺丝刀（包括十字口螺丝刀、一字口螺丝刀）、电工刀、尖嘴钳、活扳手、剪刀等	必备
测评专家	每3名考生配备一名电工考评员	必备

3. 考核时量

120 min。

4. 评分细则（见表 23）

表 23　两台电动机顺序起动电路的装配与调试评价标准

评价项目		配分	考核内容及评分标准	备注
操作过程与规范（20分）	作业前准备	10	（1）要求工具、材料准备齐全，规格型号相符，每缺或错一件扣 5 分； （2）要求防护项目齐全、防护操作规范，防护项目每缺一项扣 3 分，防护不规范每处扣 2 分	（1）出现严重设备损坏、人身伤害，扣 40 分； （2）严重违反考场纪律，造成恶劣影响的，本大项记 0 分
	操作过程	10	（1）不会用仪表检查器件好坏，每个扣 5 分； （2）操作不规范，酌情扣 2～5 分； （3）操作过程中出现短路，每次扣 5 分	
实作结果及质量（60分）	工艺质量标准	30	（1）热继电器没整定值或整定值错误，各扣 3 分； （2）控制电路配错熔体，每个扣 3 分； （3）导线未进入线槽，有跨接，每处扣 1 分，不整齐美观的酌情扣 1～5 分； （4）导线不经过端子板，每根线扣 1 分；每个接线螺钉压接线超过两根，每处扣 1 分； （5）接点松动、接头露铜过长，标记线号不清楚、遗漏或误标，每处扣 0.5 分； （6）损伤导线绝缘，每处扣 2 分； （7）导线乱线敷设，酌情扣 2～5 分； （8）完成后每少盖一处盖板，扣 2 分； （9）每少接一根线，扣 1 分	
	功能标准	30	（1）没有试车，扣 30 分； （2）每缺少一项功能（M1 起动、M2 延时起动、停止），扣 10 分； （3）没在规定时间内完成操作，每超过 1 min 扣 2 分，超过 5 min 考核立即停止	

续表

评价项目		配分	考核内容及评分标准	备注
职业素养（20分）	基本要求	10	（1）操作过程中工具、仪表、设备等摆放不整齐，扣2分； （2）作业完成后，未整理工具、清洁工作现场扣5分； （3）考试迟到，考核过程中做与考试无关的事，不服从考场安排，酌情扣1～5分	（1）出现严重设备损坏、人身伤害，扣40分； （2）严重违反考场纪律，造成恶劣影响的本大项记0分
	安全防护	10	（1）没有正确穿戴个人防护用品，扣5分； （2）作业过程中出现短路，扣10分	
合计		100分		

试题 1-2-4　电动机星-三角手动控制电路的装配与调试

1. 任务描述

（1）能够正确地识懂电气原理图（见图7）。

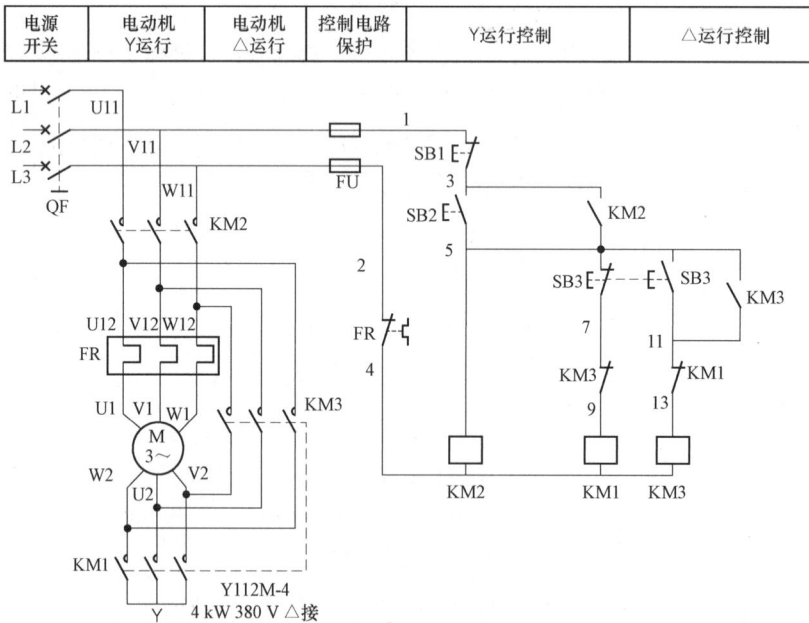

图 7　电动机星-三角手动控制电路的装配与调试电气原理图

（2）能够按电气原理图要求进行元器件安装。

（3）能够按电气原理图要求进行布线与接线（现场不压接线端子）。

（4）进行通电调试。

（5）在考核过程中，注意人身和设备的安全。

2. 实施条件（见表 24）

表 24　电动机星–三角手动控制电路的装配与调试实施条件

项目	基本实施条件	备注
场地	电气线路装配训练场，应满足以下条件： （1）能满足 30 人同时进行训练； （2）配置有三相四线交流电源～3×380/220 V、20 A	必备
设施设备	圆珠笔、个人防护用品、空气断路器、组合三联按钮、交流接触器、热继电器、熔断器、接线端子排、网孔板、试车专用线、塑料铜芯线、线槽板、三相异步电动机	必备
工具	装配通用工具，包括验电笔、钢丝钳、螺丝刀（包括十字口螺丝刀、一字口螺丝刀）、电工刀、尖嘴钳、活扳手、剪刀等	必备
测评专家	每 3 名考生配备一名电工考评员	必备

3. 考核时量

130 min。

4. 评分细则（见表 25）

表 25　电动机星–三角手动控制电路的装配与调试评价标准

评价项目	配分		考核内容及评分标准	备注
操作过程 与规范 （20分）	作业前 准备	10	（1）要求工具、材料准备齐全，规格型号相符，每缺或错一件扣 5 分； （2）要求安全防护项目齐全、防护操作规范，防护项目每缺一项扣 3 分，防护不规范每处扣 2 分； （3）按照清单检查元器件数量与质量，作业过程中提出更换元器件的，每个扣 2 分	（1）出现严重设备损坏、人身伤害，扣40分；

评价项目		配分	考核内容及评分标准	备注
操作过程与规范（20分）	操作过程	10	（1）不会用仪表检查器件好坏，每个扣5分； （2）操作不规范，酌情扣2～10分； （3）操作过程出现短路，每次扣5分	（2）严重违反考场纪律，造成恶劣影响的，本大项记0分
实作结果及质量（60分）	工艺质量标准	30	（1）每少接一根线，扣1分； （2）导线未进入线槽，有跨接，每处扣1分； （3）导线不经过端子板，每根线扣1分；每个接线螺钉压接线超过两根，每处扣1分； （4）接点松动、接头露铜过长，每处扣0.5分； （5）布线不整齐美观，酌情扣1～5分； （6）完成后每少盖一处盖板，扣1分	
	功能标准	30	（1）没有试车，扣30分； （2）每缺少一项功能（星形起动、三角形运行、停止功能），扣10分； （3）没在规定时间内完成操作，每超过1 min扣2分，超过5 min考核立即停止	
职业素养（20分）	基本要求	10	（1）作业过程中，工具、仪表、设备等摆放不整齐，扣2分； （2）作业完成后，未整理工具、清洁工作现场，扣5分； （3）考试迟到，考核过程中做与考试无关的事，不服从考场安排，酌情扣1～5分	
	安全防护	10	（1）没有正确穿戴个人防护用品，扣5分； （2）作业过程中出现短路扣10分	
合计		100分		

试题1-2-5 电动机顺序起动与逆向停止电路的装配与调试

1. 任务描述

（1）能够正确地识懂电气原理图（见图8）。

（2）能够按电气原理图的要求进行元器件安装。

（3）能够按电气原理图的要求进行布线与接线（考生现场不压端子）。

（4）进行通电调试。

（5）在考核过程中，注意人身和设备的安全。

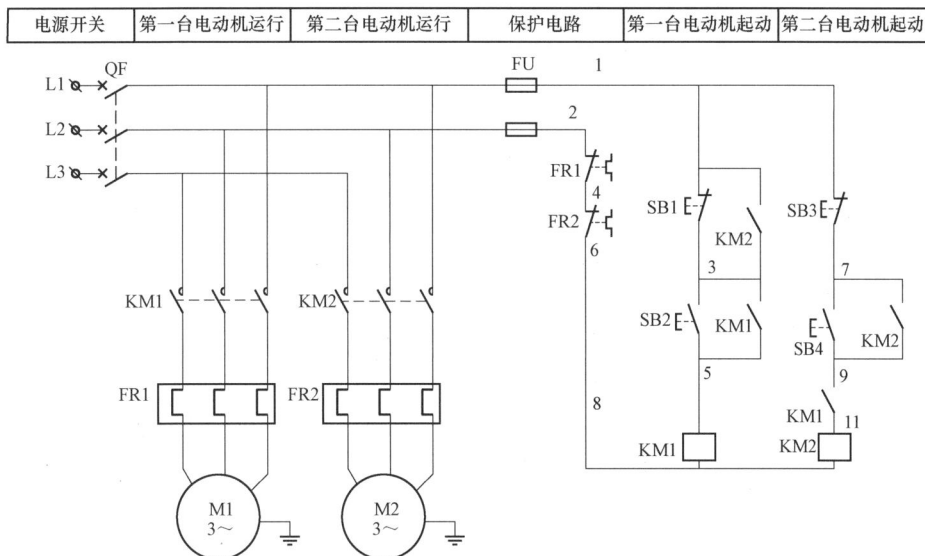

图 8 电动机顺序起动与逆向停止电路的装配与调试电气原理图

2. 实施条件（见表 26）

表 26 电动机顺序起动与逆向停止电路的装配与调试实施条件

项目	基本实施条件	备注
场地	电气线路装配训练场，应满足以下条件： （1）能满足 30 人同时进行训练； （2）配置有三相四线交流电源～3×380/220 V、20 A	必备
设施设备	圆珠笔、个人防护用品、空气断路器、组合三联按钮、交流接触器、热继电器、熔断器、接线端子排、网孔板、试车专用线、塑料铜芯线、线槽板、螺丝、三相异步电动机	必备
工具	装配通用工具，包括验电笔、钢丝钳、螺丝刀（包括十字口螺丝刀、一字口螺丝刀）、电工刀、尖嘴钳、活扳手、剪刀等	必备
测评专家	每 3 名考生配备一名电工考评员	必备

41

3. 考核时量

150 min。

4. 评分细则（见表 27）

表 27　电动机顺序起动与逆向停止电路的装配与调试评价标准

评价项目		配分	考核内容及评分标准	备注
操作过程与规范（20分）	作业前准备	10	（1）要求工具、材料准备齐全，规格型号相符，每缺或错一件扣5分； （2）要求安全防护项目齐全、防护操作规范，防护项目每缺一项扣3分，防护不规范每处扣2分； （3）按照清单检查元器件数量与质量，作业过程中提出更换元器件的，每个扣2分	（1）出现严重设备损坏、人身伤害，扣40分； （2）严重违反考场纪律，造成恶劣影响的，本大项记0分
	操作过程	10	（1）不会用仪表检查元器件好坏，每个扣5分； （2）操作不规范，酌情扣2~10分； （3）操作过程出现短路，每次扣5分	
实作结果及质量（60分）	工艺质量标准	30	（1）每少接一根线，扣1分； （2）导线未进入线槽，有跨接，每处扣1分； （3）导线不经过端子板，每根线扣1分；每个接线螺钉压接线超过两根，每处扣1分； （4）接点松动、接头露铜过长，每处扣0.5分； （5）配线不整齐美观，酌情扣1~5分； （6）完成后每少盖一处盖板，扣1分	
	功能标准	30	（1）没有试车，扣30分； （2）每缺少一项功能（M1起动、M2顺序起动、M2停止、M1逆向停止功能），每处扣7分； （3）没在规定时间内完成操作，每超过1 min扣2分，超过5 min考核立即停止	
职业素养（20分）	基本要求	10	（1）作业过程中，工具、仪表、设备等摆放不整齐，扣2分； （2）作业完成后，未整理工具、清洁工作现场，扣5分； （3）考试迟到，考核过程中做与考试无关的事，不服从考场安排，酌情扣1~5分	
	安全防护	10	（1）没有正确穿戴个人防护用品，扣5分； （2）作业过程中出现短路，扣10分	
合计		100分		

试题 1-2-6　电动机能耗制动电路的装配与调试

1. 任务描述

（1）能够正确地识懂电气原理图（见图9）。

（2）能够按电气原理图的要求进行元器件安装。

（3）能够按电气原理图的要求进行布线与接线（现场不压端子）。

（4）进行通电调试。

（5）在考核过程中，注意人身和设备的安全。

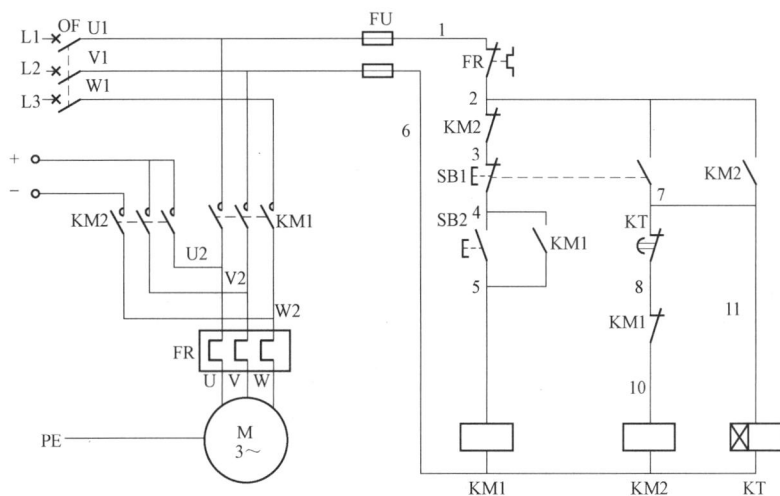

图 9　电动机能耗制动电路的装配与调试电气原理图

2. 实施条件（见表28）

表 28　电动机能耗制动电路的装配与调试实施条件

项目	基本实施条件	备注
场地	电气线路装配训练场，应满足以下条件： （1）能满足30人同时进行训练； （2）配置有三相四线交流电源～3×380/220 V、20 A	必备
设施设备	圆珠笔、个人防护用品、空气断路器、组合三联按钮、交流接触器、热继电器、熔断器、接线端子排、网孔板、时间继电器、试车专用线、塑料铜芯线、线槽板、螺丝、三相异步电动机	必备

续表

项目	基本实施条件	备注
工具	装配通用工具，包括验电笔、钢丝钳、螺丝刀（包括十字口螺丝刀、一字口螺丝刀）、电工刀、尖嘴钳、活扳手、剪刀等	必备
测评专家	每 3 名考生配备一名电工考评员	必备

3. 考核时量

120 min。

4. 评分细则（见表 29）

表 29　电动机能耗制动电路的装配与调试评价标准

评价项目		配分	考核内容及评分标准	备注
操作过程与规范（20分）	作业前准备	10	（1）要求工具、材料准备齐全，规格型号相符，每缺或错一件扣 5 分； （2）要求安全防护项目齐全、防护操作规范，防护项目每缺一项扣 3 分，防护不规范每处扣 2 分； （3）按照清单检查元器件数量与质量，作业过程中提出更换器件的，每个扣 2 分	（1）出现严重设备损坏、人身伤害，扣 40 分； （2）严重违反考场纪律，造成恶劣影响的，本大项记 0 分
	操作过程	10	（1）不会用仪表检查器件好坏，每个扣 5 分； （2）操作不规范，酌情扣 2～10 分； （3）操作过程中出现短路，每次扣 5 分	
实作结果及质量（60分）	工艺质量标准	30	（1）每少接一根线，扣 1 分； （2）导线未进入线槽，有跨接，每处扣 1 分； （3）导线不经过端子板，每根线扣 1 分；每个接线螺钉压接线超过两根，每处扣 1 分； （4）接点松动、接头露铜过长，每处扣 0.5 分； （5）布线不整齐美观，酌情扣 1～5 分； （6）完成后每少盖一处盖板，扣 1 分	

续表

评价项目		配分	考核内容及评分标准	备注
实作结果及质量（60 分）	功能标准	30	（1）没有试车，扣 30 分； （2）每缺少一项功能（正转运行、能耗制动、延时功能、停止功能），扣 7 分； （3）没在规定时间内完成操作，每超过 1 min 扣 2 分，超过 5 min 考核立即停止	（1）出现严重设备损坏、人身伤害，扣 40 分； （2）严重违反考场纪律，造成恶劣影响的，本大项记 0 分
职业素养（20 分）	基本要求	10	（1）作业过程中，工具、仪表、设备等摆放不整齐，扣 2 分； （2）作业完成后，未整理工具、清洁工作现场，扣 5 分； （3）考试迟到，考核过程中做与考试无关的事，不服从考场安排，酌情扣 1～5 分	
	安全防护	10	（1）没有正确穿戴个人防护用品，扣 5 分； （2）作业过程中出现短路，扣 10 分	
合计		100 分		

模块 2 常用机械零件的加工测量

项目 1 孔类零件的加工测量

试题 2-1-1 螺纹孔加工（一）

1. 任务描述

现有一件工件（见图 10），需要按规定的图样（见图 11）进行划线、钻孔、攻丝，以满足工件图样的要求。

单位：mm

其余 $\sqrt{Ra3.20}$

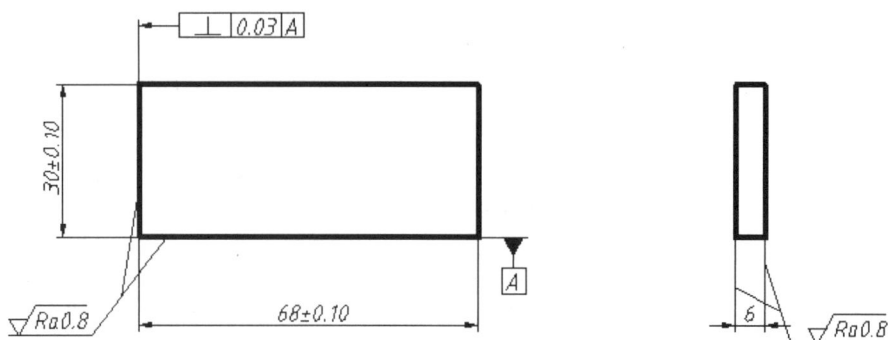

图 10　螺纹孔加工（一）备料图

单位：mm

其余 $\sqrt{Ra3.2}$

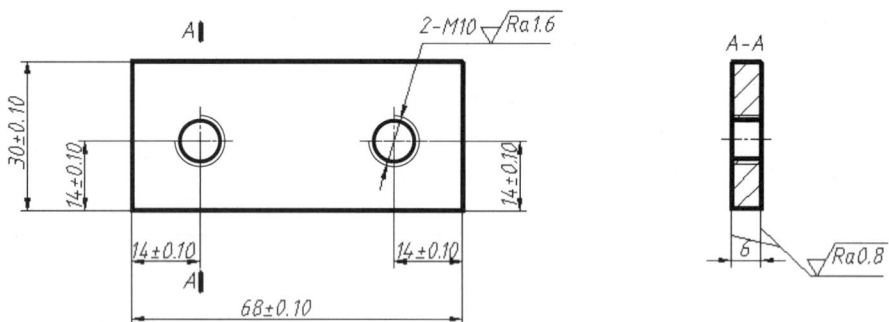

图 11　螺纹孔加工（一）安装板

2. 实施条件（见表 30）

表 30　螺纹孔加工（一）实施条件

项目	基本实施条件	备注
场地	可同时容纳 12 人进行划线、钻孔、攻丝的钳工工作场地，照明、通风良好	必备
设施	划线平台、方箱或 V 形块、台式钻床、钻夹头、钻钥匙、平口钳、台虎钳	必备
材料	45#钢板，划线涂料、冷却液	必备

续表

项目	基本实施条件	备注
工具	高度游标尺、钢直尺、游标卡尺、万能角度尺、直柄麻花钻头、丝攻、活络绞杆、样冲、榔头、划线规、抹布等	必备
测评专家	每3名考生配备一名考评员，要求考评员为中级以上装配钳工或者工具钳工	必备

3. 考核时量

70 min。

4. 评分细则（见表31）

表31　螺纹孔加工（一）评价标准

评价项目		配分	考核内容及评分标准	备注
操作过程与规范（20分）	作业前准备	10	（1）要求工具、材料准备齐全，规格型号相符，每缺或错一件扣5分； （2）要求安全防护项目齐全、防护操作规范，防护项目每缺一项扣3分，防护不规范每处扣2分	（1）出现严重设备损坏、人身伤害，扣40分； （2）严重违反考场纪律，造成恶劣影响的，本大项记0分
	操作过程	10	（1）按照规定图样，清晰、准确地划出工件加工的尺寸样线，划出的工件样线不清晰的每处扣2分； （2）按划出的尺寸样线进行钻孔，未按规定钻孔的每处扣10分； （3）按照规定图样进行攻丝，未按规定攻丝的每处扣10分，损害工具材料的每件次扣10分	
实作结果及质量（60分）	工艺质量标准	50	（1）螺纹符合要求：M10，不合格扣10分； （2）表面粗糙度符合要求：Ra1.6，粗糙度值大一级扣10分； （3）孔定位距符合尺寸及精度要求：（14±0.10）mm，每超差0.05 mm扣1分，直到扣完本项分为止； （4）时间控制合理，规定总时间15 min，每超过3 min扣5分，超过10 min考核立即停止，未完成者扣20分	
	功能标准	10	（1）钻孔不合规定，扣4分； （2）表面粗糙度不满足要求，扣3分； （3）时间控制不到位，扣3分	

续表

评价项目		配分	考核内容及评分标准	备注
职业素养（20分）	基本要求	10	（1）作业过程中，工具、仪表、设备等摆放不整齐，扣2分； （2）作业完成后，未整理工具、清洁工作现场，扣5分； （3）考试迟到，考核过程中做与考试无关的事，不服从考场安排，酌情扣1~5分	（1）出现严重设备损坏、人身伤害，扣40分； （2）严重违反考场纪律，造成恶劣影响的，本大项记0分
	安全防护	10	（1）没有正确穿戴个人防护用品，扣5分； （2）不遵守安全用电操作规程，扣10分	
合计		100分		

试题 2-1-2　螺纹孔加工（二）

1. 任务描述

现有一件工件（见图12），需要按规定的图样（见图13）进行划线、钻孔、攻丝，以满足工件图样的要求。

单位：mm

其余 $\sqrt{Ra3.2}$

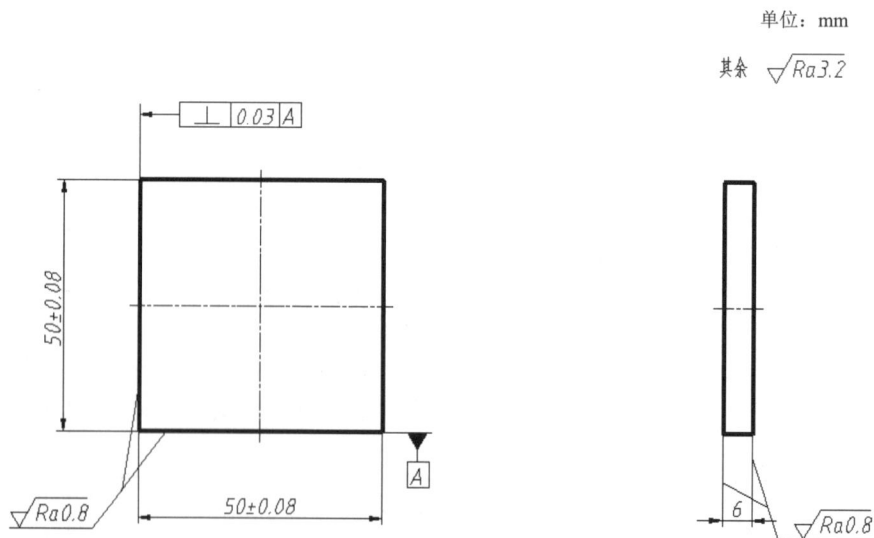

图12　螺纹孔加工（二）备料图

单位：mm

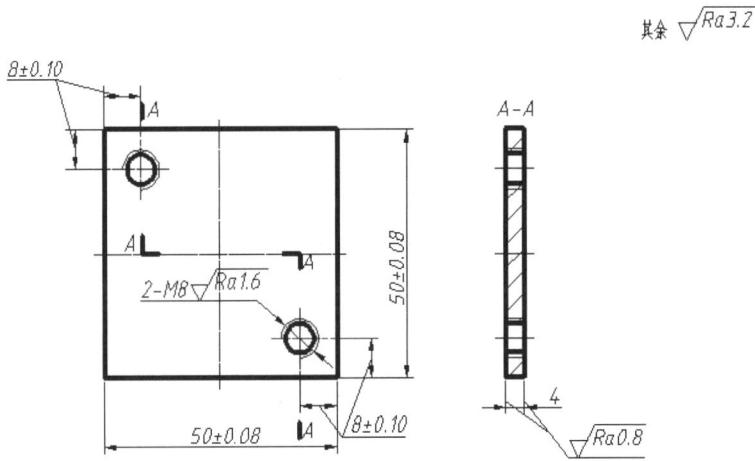

图 13　螺纹孔加工（二）四方定位板

2. 实施条件（见表 32）

表 32　螺纹孔加工（二）实施条件

项目	基本实施条件	备注
场地	可同时容纳 12 人进行划线、钻孔、攻丝的钳工工作场地，照明通风良好	必备
设施	划线平台、方箱或 V 形块、台式钻床、钻夹头、钻钥匙、平口钳、台虎钳	必备
材料	45#钢板，划线涂料、冷却液	必备
工具	高度游标尺、钢直尺、游标卡尺、万能角度尺、直柄麻花钻头、丝攻、活络铰杆、样冲、榔头、划线规、抹布等	必备
测评专家	每 3 名考生配备一名考评员，考评员为中级以上装配钳工或者工具钳工	必备

3. 考核时量

70 min。

49

4. 评分细则（见表 33）

表 33　螺纹孔加工（二）评价标准

评价项目		配分	考核内容及评分标准	备注
操作过程与规范（20分）	作业前准备	10	（1）要求工具、材料准备齐全，规格型号相符，每缺或错一件扣5分； （2）要求安全防护项目齐全、防护操作规范，防护项目每缺一项扣3分，防护不规范每处扣2分	（1）出现严重设备损坏、人身伤害，扣40分； （2）严重违反考场纪律，造成恶劣影响的，本大项记0分
	操作过程	10	（1）按照规定图样，清晰、准确地划出工件加工的尺寸样线，尺寸样线不清晰的每处扣2分； （2）按划出的尺寸样线进行钻孔，未按规定钻孔的每处扣5分； （3）按照规定图样进行攻丝，未按规定攻丝的每处扣5分，损害工具材料的每件次扣5分	
实作结果及质量（60分）	工艺质量标准	50	（1）螺纹符合要求：M8，不合格扣15分； （2）表面粗糙度符合要求：Ra1.6，粗糙度值大一级扣10分； （3）孔定位距符合尺寸及精度要求：(8±0.10)mm，每超差0.05 mm扣1分，直到扣完本项分为止； （4）时间控制合理，规定总时间70 min，每超过3 min扣5分，超过10 min考核立即停止，未完成者扣20分	
	功能标准	10	（1）钻孔不合规定，扣5分； （2）表面粗糙度不满足要求，扣5分	
职业素养（20分）	基本要求	10	（1）作业过程中，工具、仪表、设备等摆放不整齐，扣2分； （2）作业完成后，未整理工具、清洁工作现场，扣5分； （3）考试迟到，考核过程中做与考试无关的事，不服从考场安排，酌情扣1～5分	
	安全防护	10	（1）没有正确穿戴个人防护用品，扣5分； （2）不遵守安全用电操作规程，扣10分	
合计		100分		

试题 2-1-3　工件的测量

1. 任务描述

现有两种不同工件需要按规定的图样（见图 14、图 15）进行测量，以检测工件是否满足工件图样的要求。

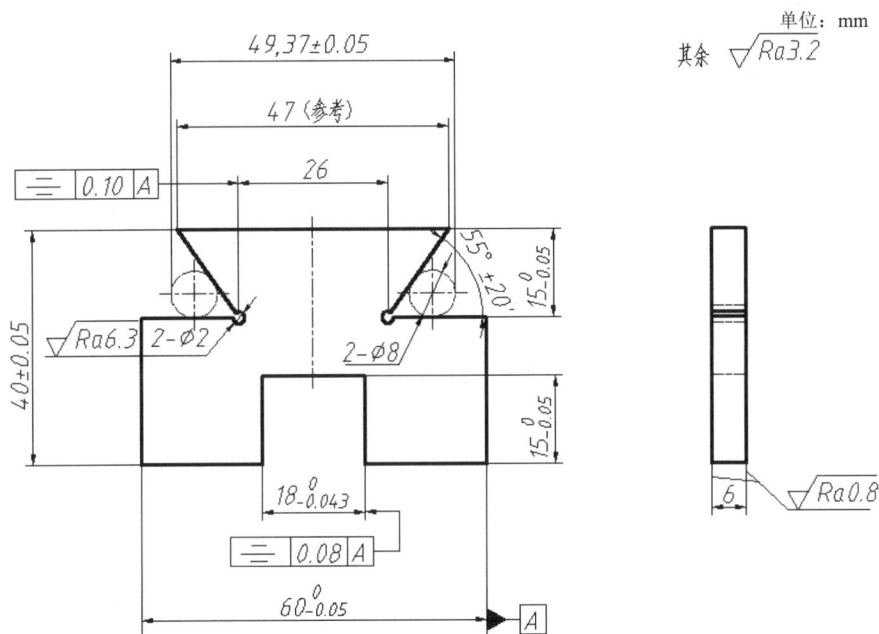

图 14　工件凹槽燕尾

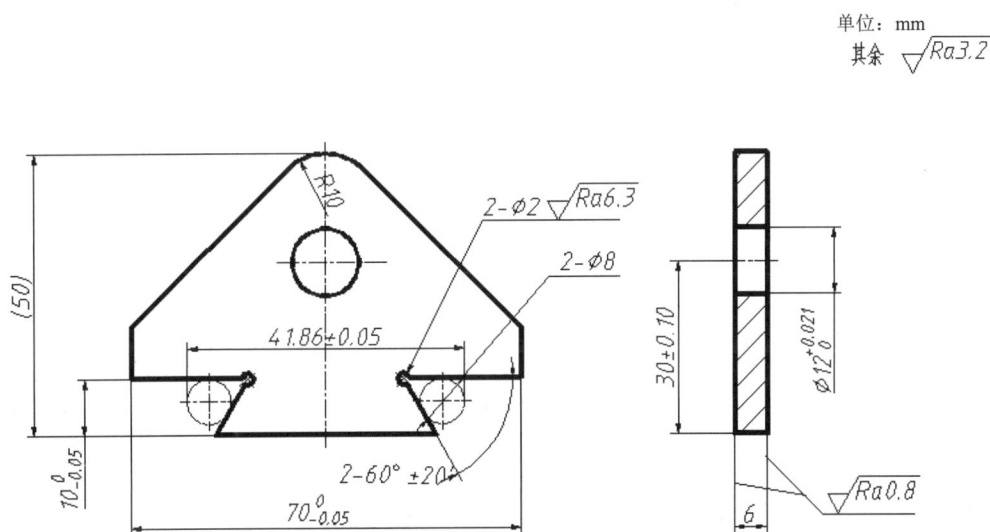

图 15　工件圆弧燕尾板

2. 实施条件（见表 34）

表 34 工件测量实施条件

项目	基本实施条件	备注
场地	可同时容纳 12 人进行测量的钳工工作场地，照明通风良好	必备
设施	划线平台、方箱或 V 形块	必备
材料	已经加工好的工件，具体工件详见图样	必备
工具	游标卡尺、万能角度尺、外径千分尺等	必备
测评专家	每 3 名考生配备一名考评员，考评员为中级以上装配钳工或者工具钳工	必备

3. 考核时量

70 min。

4. 评分细则（见表 35）

表 35 工件测量评价标准

评价项目		配分	考核内容及评分标准	备注
操作过程与规范（20 分）	作业前准备	10	（1）要求工具、材料准备齐全，规格型号相符，每缺或错一件扣 5 分； （2）要求安全防护项目齐全、防护操作规范，防护项目每缺一项扣 3 分，防护不规范每处扣 2 分	（1）出现严重设备损坏、人身伤害，扣 40 分； （2）严重违反考场纪律，造成恶劣影响的，本大项记 0 分
	操作过程	10	（1）按照规定图样，正确、准确地选择测量工具，选择不正确每处扣 5 分； （2）按图样准确、规范地测量出工件的尺寸，测量工具使用方法不正确，每处扣 2 分； （3）损害工具材料，每件次扣 10 分	

续表

评价项目		配分	考核内容及评分标准	备注
实作结果及质量（60分）	工艺质量标准	50	（1）测量结果及精度符合图样规定： （49.37±0.05）mm：误差每超 0.01 mm 扣 2 分； $18_{-0.043}^{0}$ mm：误差每超 0.02 mm 扣 1 分； $15_{-0.05}^{0}$ mm（2 处）：误差每超 0.02 mm 扣 1 分； （41.86±0.05）mm：误差每超 0.01 mm 扣 1 分； 55°±20′（2 处）：测量误差 2′扣 2 分； 0.05 mm：测量误差每超 0.01 mm 扣 2 分； 0.10 mm：测量误差每超 0.01 mm 扣 2 分。 说明：扣完本项分为止。 （2）时间控制合理，每超过规定总时间 3 min 扣 5 分，超过 10 min 考核立即停止，未完成者扣 20 分	（1）出现严重设备损坏、人身伤害，扣 40 分； （2）严重违反考场纪律，造成恶劣影响的，本大项记 0 分
	功能标准	10	（1）测量方法不正确，扣 3 分； （2）测量结果不准确，扣 3 分； （3）时间控制不到位，扣 3 分	
职业素养（20分）	基本要求	10	（1）作业过程中，工具、仪表、设备等摆放不整齐，扣 2 分； （2）作业完成后，未整理工具、清洁工作现场，扣 5 分； （3）考试迟到，考核过程中做与考试无关的事，不服从考场安排，酌情扣 1～5 分	
	安全防护	10	（1）没有正确穿戴个人防护用品，扣 5 分； （2）不遵守安全用电操作规程，扣 10 分	
合计		100 分		

试题 2-1-4　带孔三角尺综合加工

1. 任务描述

现有一件工件需要按规定的图样（见图 16、图 17）进行划线、锯割、锉削、钻孔加工，以满足工件图样的要求。

单位：mm

其余 $\sqrt{Ra3.2}$

$\perp$ | 0.03 | A

55

90

$\sqrt{Ra0.8}$ | 6 | $\sqrt{Ra0.8}$

A

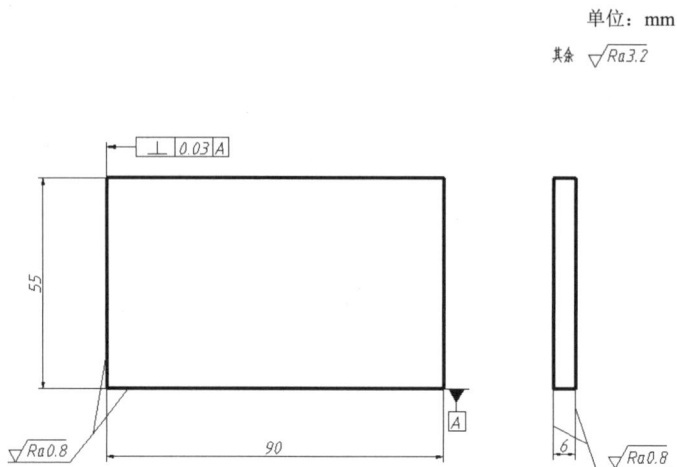

图 16　带孔三角尺综合加工备料图

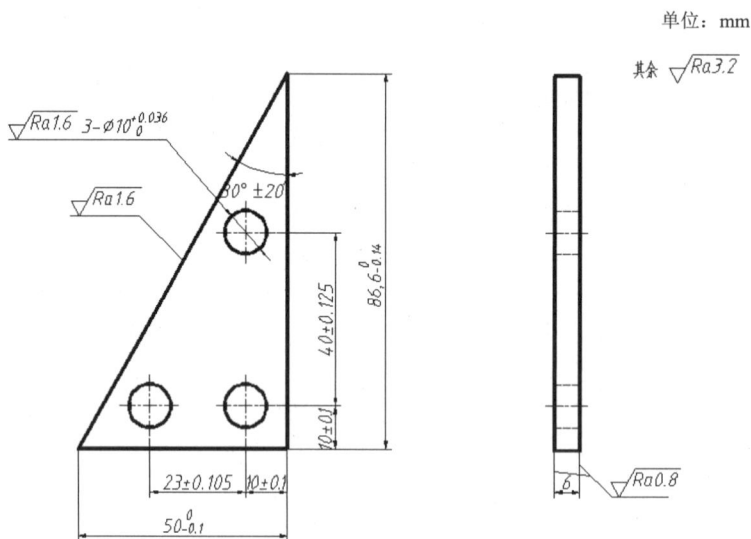

单位：mm

其余 $\sqrt{Ra3.2}$

$\sqrt{Ra1.6}$ 3-$\varnothing10^{+0.036}_{0}$

$\sqrt{Ra1.6}$

30°±20′

$86.6^{0}_{-0.14}$

40 ± 0.125

10 ± 0.1

23 ± 0.105 10 ± 0.1

$50^{0}_{-0.1}$

6 $\sqrt{Ra0.8}$

图 17　三角尺

2. 实施条件（见表 36）

表 36　带孔三角尺综合加工实施条件

项目	基本实施条件	备注
场地	可同时容纳 12 人进行划线、锯割、锉削、钻孔的钳工工作场地，照明通风良好	必备
设施	划线平台、方箱或 V 形块、台虎钳、台钻、平口钳	必备

项目	基本实施条件	备注
材料	45#钢板，划线涂料	必备
工具	高度游标尺、钢直尺、游标卡尺、万能角度尺、样冲、榔头、划线规、手用钢锯、锯条、锉刀、麻花钻、铰刀、抹布等	必备
测评专家	每3名考生配备一名考评员，考评员为中级以上装配钳工或者工具钳工	必备

3. 考核时量

120 min。

4. 评分细则（见表 37）

表 37　带孔三角尺综合加工评价标准

评价项目		配分	考核内容及评分标准	备注
操作过程与规范（20分）	作业前准备	10	（1）要求工具、材料准备齐全，规格型号相符，每缺或错一件扣 5 分； （2）要求安全防护项目齐全、防护操作规范，防护项目每缺一项扣 3 分，防护不规范每处扣 2 分	（1）出现严重设备损坏、人身伤害，扣40分； （2）严重违反考场纪律，造成恶劣影响的，本大项记0分
	操作过程	10	（1）按照规定图样，清晰、准确地划出工件加工的尺寸样线，尺寸样线不清晰的每处扣 2 分； （2）按划出的尺寸样线进行锯割，未按规定锯割的每处扣 5 分； （3）按划出的尺寸样线进行钻孔，未按规定钻孔的每处扣 5 分； （4）按图样规定进行锉削孔，未按规定锉削孔的每处扣 5 分； （5）损害工具材料的每件次扣 10 分	

续表

评价项目		配分	考核内容及评分标准	备注
实作结果及质量（60分）	工艺质量标准	50	（1）尺寸及精度符合要求： $50_{-0.1}^{0}$ mm：每超差 0.01 mm 扣 1 分； $86.6_{-0.14}^{0}$ mm：每超差 0.01 mm 扣 1 分。 （2）角度符合要求： $30°±20′$：每超差 5′扣 5 分。 （3）粗糙度符合要求： $Ra1.6$（含孔 3 处，共 4 处）：粗糙度值每大一级扣 3 分。 （4）定位距离符合尺寸及精度要求： （10±0.10）mm（3 处）：每处每超差 0.01 mm 扣 1 分； （5）内孔尺寸及精度符合要求： $\phi 10_{0}^{+0.036}$ mm（3 处）：每处超差扣 4 分。 （6）中心距尺寸及精度符合要求： （23±0.105）mm：每超差 0.01 mm 扣 1 分； （40±0.125）mm：每超差 0.01 mm 扣 1 分； （7）时间控制合理。每超过规定总时间 3 min 扣 5 分，超过 10 min 考核立即停止，未完成者扣 20 分	（1）出现严重设备损坏、人身伤害，扣 40 分； （2）严重违反考场纪律，造成恶劣影响的，本大项记 0 分
	功能标准	10	（1）尺寸、精度、粗糙度不合格，扣 5 分； （2）时间控制不到位，扣 5 分	
职业素养（20分）	基本要求	10	（1）作业过程中，工具、仪表、设备等摆放不整齐，扣 2 分； （2）作业完成后，未整理工具、清洁工作现场，扣 5 分； （3）考试迟到，考核过程中做与考试无关的事，不服从考场安排，酌情扣 1～5 分	
	安全防护	10	（1）没有正确穿戴个人防护用品，扣 5 分； （2）不遵守安全用电操作规程，扣 10 分	
合计		100 分		

项目 2　板类零件的加工测量

试题 2-2-1　阶梯板加工

1. 任务描述

现有一件工件（见图 18），需要按规定的图样（见图 19）进行划线、锯割、锉削，以满足工件图样的要求。

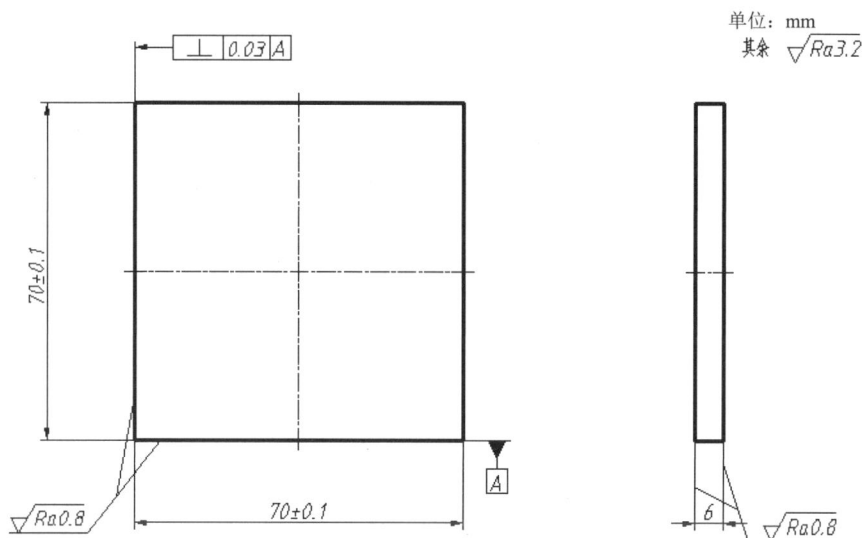

图 18　阶梯板加工备料图

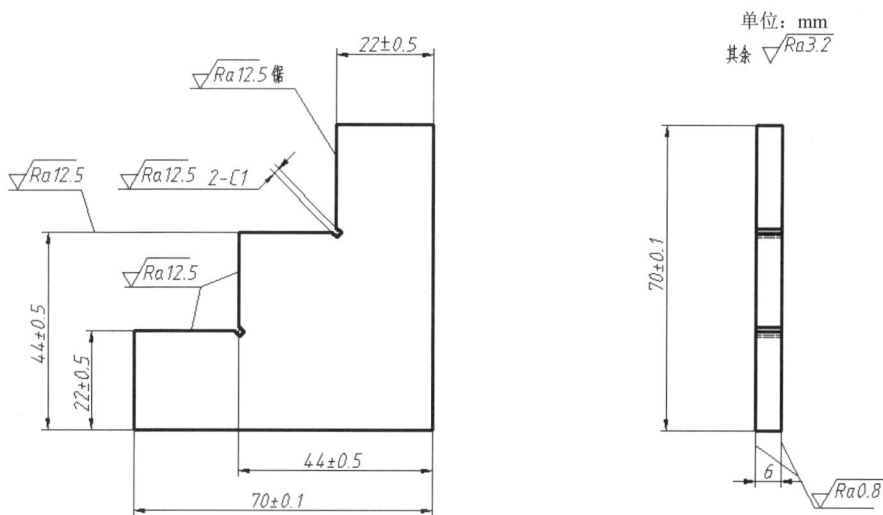

图 19　阶梯板图样

2. 实施条件（见表38）

表38 阶梯板加工实施条件

项目	基本实施条件	备注
场地	可同时容纳12人进行划线、锯割、锉削的钳工工作场地，照明通风良好	必备
设施	划线平台、方箱或V形块、台虎钳	必备
材料	45#钢板，划线涂料	必备
工具	高度游标尺、钢直尺、游标卡尺、万能角度尺、样冲、榔头、划线规、手用钢锯、锯条、锉刀、抹布等	必备
测评专家	每3名考生配备一名考评员，考评员为中级以上装配钳工或者工具钳工	必备

3. 考核时量

110 min。

4. 评分细则（见表39）

表39 阶梯板加工评价标准

评价项目		配分	考核内容及评分标准	备注
操作过程与规范（20分）	作业前准备	10	（1）要求工具、材料准备齐全，规格型号相符，每缺或错一件扣5分； （2）要求安全防护项目齐全、防护操作规范，防护项目每缺一项扣3分，防护不规范每处扣2分	（1）出现严重设备损坏、人身伤害，扣40分； （2）严重违反考场纪律，造成恶劣影响的，本大项记0分
	操作过程	10	（1）按照规定图样，清晰、准确地划出工件加工的尺寸样线，尺寸样线不清晰的每处扣2分； （2）按划出的尺寸样线进行锯割，未按规定锯割的扣10分； （3）按照图样规定进行锉削，未按规定锉削的扣10分； （4）损害工具、材料的每件次扣10分	

续表

评价项目		配分	考核内容及评分标准	备注
实作结果及质量（60分）	工艺质量标准	50	（1）锯割符合尺寸及精度要求： （44±0.5）mm：每超差 0.05 mm 扣 3 分； （22±0.5）mm：每超差 0.05 mm 扣 3 分； 注意：扣完本项分为止。 （2）表面粗糙度符合要求：$Ra12.5$：粗糙度值每大一级扣 5 分； （3）时间控制合理，每超过规定总时间 3 min 扣 5 分，超过 10 min 考核立即停止，未完成者扣 20 分	（1）出现严重设备损坏、人身伤害，扣 40 分； （2）严重违反考场纪律，造成恶劣影响的，本大项记 0 分
	功能标准	10	（1）尺寸、精度、粗糙度不合格，扣 5 分； （2）时间控制不到位，扣 5 分	
职业素养（20分）	基本要求	10	（1）作业过程中，工具、仪表、设备等摆放不整齐，扣 2 分； （2）作业完成后，未整理工具、清洁工作现场，扣 5 分； （3）考试迟到，考核过程中做与考试无关的事，不服从考场安排，酌情扣 1～5 分	
	安全防护	10	（1）没有正确穿戴个人防护用品，扣 5 分； （2）不遵守安全用电操作规程，扣 10 分	
合计		100 分		

试题 2-2-2 直角尺加工

1. 任务描述

现有一件工件（见图20），需要按规定的图样（见图21）进行划线、锯割、锉削，以满足工件图样的要求。

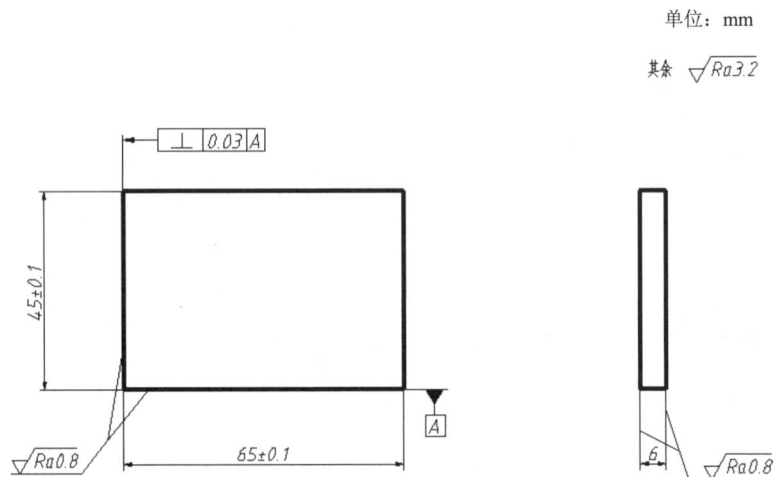

单位：mm

其余 $\sqrt{Ra3.2}$

图 20 直角尺加工备料图

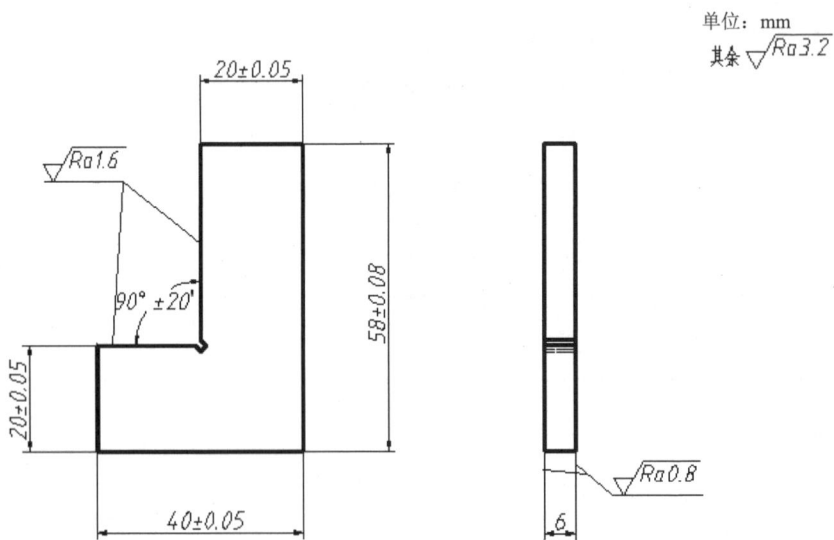

单位：mm

其余 $\sqrt{Ra3.2}$

图 21 直角尺图样

2. 实施条件（见表 40）

表 40　直角尺加工实施条件

项目	基本实施条件	备注
场地	可同时容纳 12 人进行划线、锯割、锉削的钳工工作场地，照明通风良好	必备
设施	划线平台、方箱或 V 形块、台虎钳	必备
材料	45#钢板，划线涂料	必备
工具	高度游标尺、钢直尺、游标卡尺、样冲、榔头、划线规、手用钢锯、锯条、锉刀、抹布等	必备
测评专家	每 3 名考生配备一名考评员，考评员为中级以上装配钳工或者工具钳工	必备

3. 考核时量

100 min。

4. 评分细则（见表 41）

表 41　直角尺加工评价标准

评价项目		配分	考核内容及评分标准	备注
操作过程与规范（20 分）	作业前准备	10	（1）要求工具、材料准备齐全，规格型号相符，每缺或错一件扣 5 分； （2）要求安全防护项目齐全、防护操作规范，防护项目每缺一项扣 3 分，防护不规范每处扣 2 分	（1）出现严重设备损坏、人身伤害，扣 40 分； （2）严重违反考场纪律，造成恶劣影响的，本大项记 0 分
	操作过程	10	（1）按照规定图样，清晰、准确地划出工件加工的尺寸样线，尺寸样线不清晰的每处扣 2 分； （2）按划出的尺寸样线进行锯割，未按规定锯割的扣 10 分； （3）按照图样规定进行锉削，未按规定锉削的扣 10 分； （4）损害工具，材料的每件次扣 10 分	

评价项目		配分	考核内容及评分标准	备注
实作结果及质量（60分）	工艺质量标准	50	（1）锯割符合尺寸及精度要求： （20±0.05）mm（2 处）：每超差 0.01 mm 扣 1 分； （40±0.05）mm：每超差 0.01 mm 扣 1 分； （58±0.08）mm：每超差 0.01 mm 扣 1 分； 注意：扣完本项分为止。 （2）表面粗糙度符合要求： Ra1.6（2 处）：粗糙度值每处每大一级扣 5 分。 （3）角度符合尺寸及精度要求： 90°±20′：每超差 5′ 扣 5 分，扣完本项分为止。 （4）时间控制合理，每超过规定总时间 3 min 扣 5 分，超过 10 min 考核立即停止，未完成者扣 20 分	（1）出现严重设备损坏、人身伤害，扣 40 分； （2）严重违反考场纪律，造成恶劣影响的，本大项记 0 分
	功能标准	10	（1）尺寸、精度、粗糙度不合格，扣 5 分； （2）时间控制不到位，扣 5 分	
职业素养（20分）	基本要求	10	（1）作业过程中，工具、仪表、设备等摆放不整齐，扣 2 分； （2）作业完成后，未整理工具、清洁工作现场，扣 5 分； （3）考试迟到，考核过程中做与考试无关的事，不服从考场安排，酌情扣 1～5 分	
	安全防护	10	（1）没有正确穿戴个人防护用品，扣 5 分； （2）不遵守安全用电操作规程，扣 10 分	
合计		100 分		

试题 2-2-3　带孔直角尺综合加工

1. 任务描述

现有一件工料（见图 22）需要按规定的图样（见图 23）进行划线、锯割、锉削、钻孔加工，以满足工件图样的要求。

单位：mm

其余 $\sqrt{Ra3.2}$

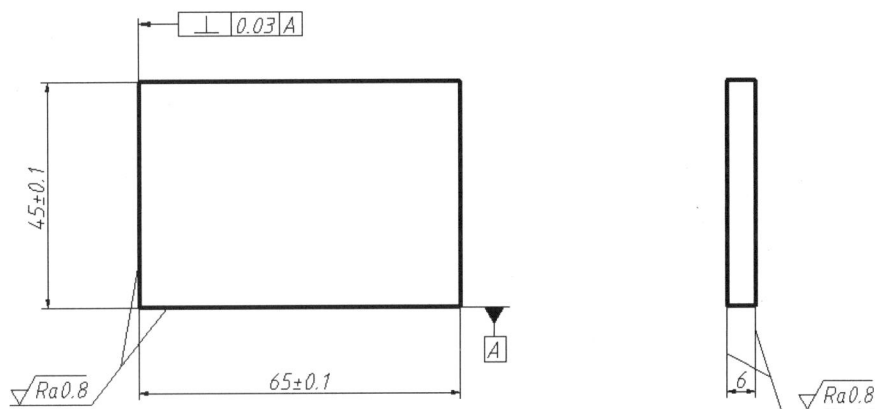

图 22　带孔直角尺综合加工备料图

单位：mm

其余 $\sqrt{Ra3.2}$

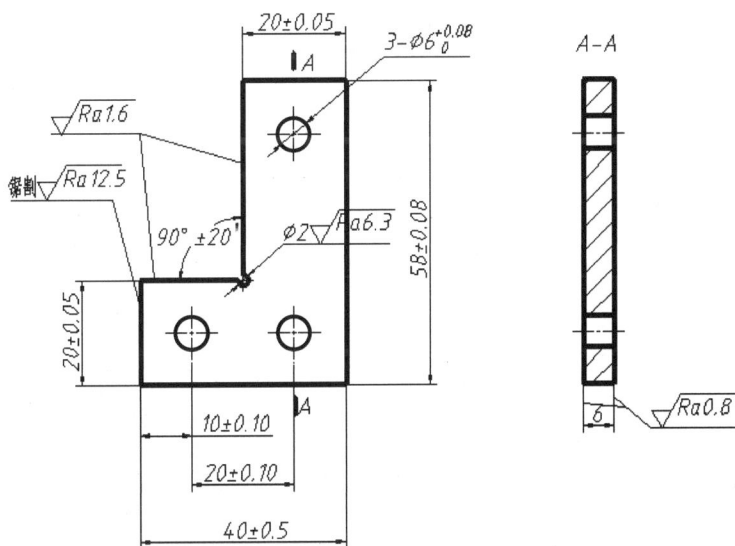

图 23　带孔直角尺图样

2. 实施条件（见表 42）

表 42　带孔直角尺综合加工实施条件

项目	基本实施条件	备注
场地	可同时容纳 12 人进行划线、锯割、锉削、钻孔的钳工工作场地，照明通风良好	必备
设施	划线平台、方箱或 V 形块、台虎钳、台钻、平口钳	必备
材料	45#钢板，划线涂料	必备
工具	高度游标尺、钢直尺、游标卡尺、万能角度尺、样冲、榔头、划线规、手用钢锯、锯条、锉刀、抹布等	必备
测评专家	每 3 名考生配备一名考评员，考评员为中级以上装配钳工或者工具钳工	必备

3. 考核时量

120 min。

4. 评分细则（见表 43）

表 43　带孔直角尺综合加工评价标准

评价项目		配分	考核内容及评分标准	备注
操作过程与规范（20 分）	作业前准备	10	（1）要求工具、材料准备齐全，规格型号相符，每缺或错一件扣 5 分； （2）要求安全防护项目齐全、防护操作规范，防护项目每缺一项扣 3 分，防护不规范每处扣 2 分	（1）出现严重设备损坏、人身伤害，扣 40 分； （2）严重违反考场纪律，造成恶劣影响的，本大项记 0 分
	操作过程	10	（1）按照规定图样，清晰、准确地划出工件加工的尺寸样线，尺寸样线不清晰的每处扣 2 分； （2）按划出的尺寸样线进行锯割，未按规定锯割的每处扣 5 分； （3）按划出的尺寸样线进行钻孔，未按规定钻孔的每处扣 5 分； （4）按图样规定进行锉削孔，未按规定锉削孔的每处扣 5 分； （5）损害工具、材料的每件扣 10 分	

续表

评价项目		配分	考核内容及评分标准	备注
实作结果及质量（60分）	工艺质量标准	50	（1）尺寸及精度符合要求： （20±0.05）mm（2处）：每处每超差0.05 mm扣4分； （40±0.5）mm：每超差0.01 mm扣1分； （58±0.08）mm：每超差0.01 mm扣1分。 （2）角度符合要求： 90°±20′：每超差5′扣5分。 （3）粗糙度符合要求： $Ra1.6$（短边）：粗糙度值每大一级扣2分； $Ra1.6$（长边）：粗糙度值每大一级扣3分； $Ra3.2$（孔三处）：每孔粗糙度值大一级，扣1分。 （4）定位距离符合尺寸及精度要求： （10±0.10）mm：每处每超差0.01 mm扣1分。 （5）内孔尺寸及精度符合要求： $\phi6^{+0.08}_{0}$ mm（3处）：每处超差扣4分。 （6）中心距尺寸及精度符合要求： （20±0.10）mm：每超差0.01 mm扣1分； （40±0.50）mm：每超差0.01 mm扣1分； （7）时间控制合理：每超过规定总时间3 min扣5分，超过10 min考核立即停止，未完成者扣20分	（1）出现严重设备损坏、人身伤害，扣40分； （2）严重违反考场纪律，造成恶劣影响的，本大项记0分
	功能标准	10	（1）尺寸、精度、粗糙度不合格，扣5分； （2）时间控制不到位，扣5分	
职业素养（20分）	基本要求	10	（1）作业过程中，工具、仪表、设备等摆放不整齐，扣2分； （2）作业完成后，未整理工具、清洁工作现场，扣5分； （3）考试迟到，考核过程中做与考试无关的事，不服从考场安排，酌情扣1~5分	
	安全防护	10	（1）没有正确穿戴个人防护用品，扣5分； （2）不遵守安全用电操作规程，扣10分	
合计		100分		

试题 2-2-4　带孔 T 形板综合加工

1. 任务描述

现有一件工料（见图 24），需要按规定的图样（见图 25）进行划线、锯割、锉削、钻孔、测量加工，以满足工件图样的要求。

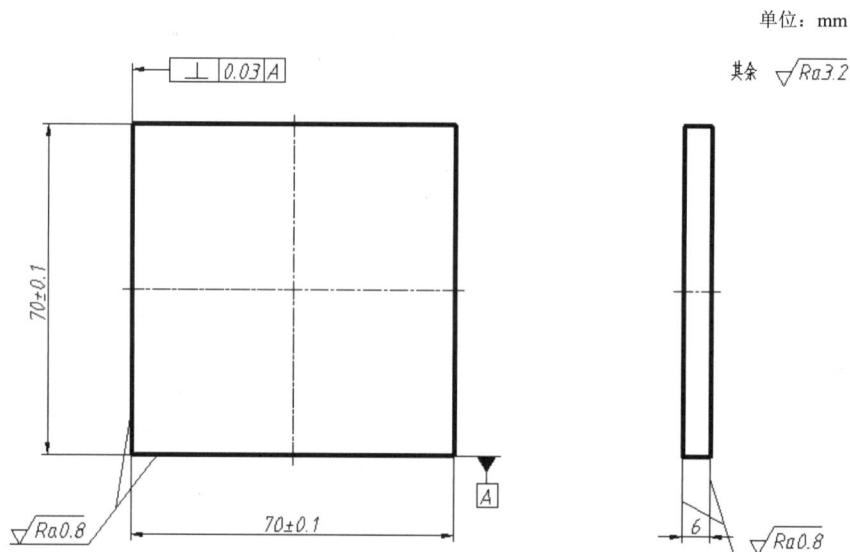

图 24　带孔 T 形板综合加工备料图

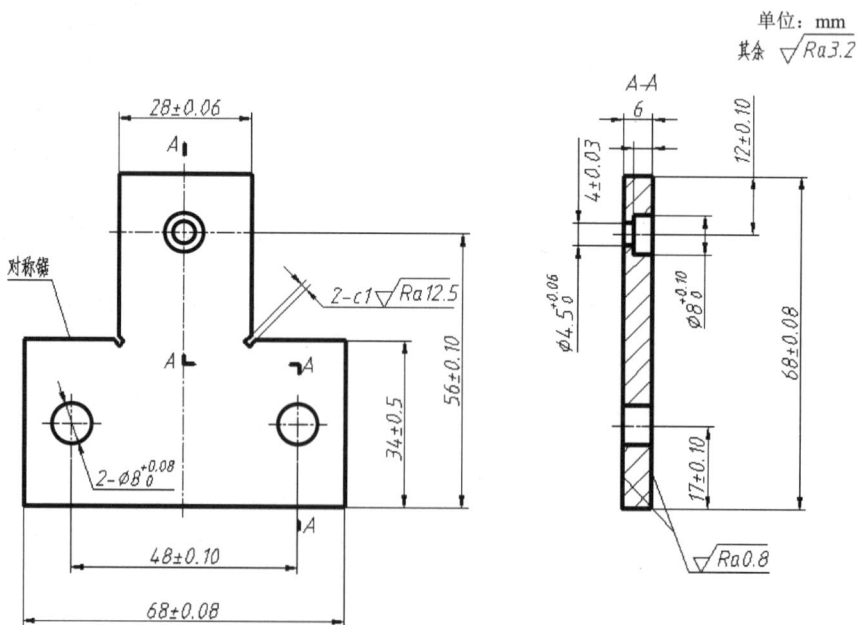

图 25　T 形板图样

2. 实施条件（见表 44）

表 44　带孔 T 形板综合加工实施条件

项目	基本实施条件	备注
场地	可同时容纳 12 人进行划线、锯割、锉削、钻孔的钳工工作场地，照明通风良好	必备
设施	划线平台、方箱或 V 形块、台虎钳、台钻、平口钳	必备
材料	45#钢板，划线涂料	必备
工具	高度游标尺、钢直尺、游标卡尺、万能角度尺、样冲、榔头、划线规、手用钢锯、锯条、锉刀、抹布等	必备
测评专家	每 3 名考生配备一名考评员，考评员为中级以上装配钳工或者工具钳工	必备

3. 考核时量

120 min。

4. 评分细则（见表 45）

表 45　带孔 T 形板综合加工评价标准

评价项目		配分	考核内容及评分标准	备注
操作过程与规范（20 分）	作业前准备	10	（1）要求工具、材料准备齐全，规格型号相符，每缺或错一件扣 5 分； （2）要求安全防护项目齐全、防护操作规范，防护项目每缺一项扣 3 分，防护不规范每处扣 2 分	（1）出现严重设备损坏、人身伤害，扣 40 分； （2）严重违反考场纪律，造成恶劣影响的，本大项记 0 分
	操作过程	10	（1）按照规定图样，清晰、准确地划出工件加工的尺寸样线。尺寸样线不清晰的每处扣 2 分； （2）按划出的尺寸样线进行锯割，未按规定锯割的每处扣 5 分； （3）按划出的尺寸样线进行钻孔，未按规定钻孔的每处扣 5 分； （4）按图样规定进行锉削孔，未按规定锉削孔的每处扣 5 分； （5）损害工具、材料每件次扣 10 分	

续表

评价项目		配分	考核内容及评分标准	备注
实作结果及质量（60分）	工艺质量标准	50	（1）尺寸及精度符合要求： （28±0.06）mm：每超差 0.01 mm 扣 1 分； （68±0.08）mm（2 处）：每处每超差 0.01 mm 扣 1 分； （34±0.5）mm（2 处）：每处每超差 0.01 mm 扣 1 分； （2）内孔尺寸及精度符合要求： $\phi 8^{+0.08}_{0}$ mm（2 处）：每处超差 0.01 mm 扣 1 分； $\phi 4.5^{+0.06}_{0}$ mm：每超差 0.01 mm 扣 1 分； $\phi 8^{+0.10}_{0}$ mm：超差扣 2 分。 （3）台阶尺寸及精度符合要求： （4±0.03）mm：超差扣 2 分。 （4）空刀槽符合要求： $\phi 1$ mm（2 处）：不合格的每处扣 2 分。 （5）中心距尺寸及精度符合要求： （48±0.10）mm：超差扣 4 分。 （6）时间控制合理，每超过规定时间 3 min 扣 5 分，超过 10 min 考核立即停止，未完成者扣 20 分	（1）出现严重设备损坏、人身伤害，扣 40 分； （2）严重违反考场纪律，造成恶劣影响的，本大项记 0 分
	功能标准	10	（1）尺寸、精度、粗糙度不合格，扣 5 分； （2）时间控制不到位，扣 5 分	
职业素养（20分）	基本要求	10	（1）作业过程中，工具、仪表、设备等摆放不整齐，扣 2 分； （2）作业完成后，未整理工具、清洁工作现场，扣 5 分； （3）考试迟到，考核过程中做与考试无关的事，不服从考场安排，酌情扣 1～5 分	
	安全防护	10	（1）没有正确穿戴个人防护用品，扣 5 分； （2）不遵守安全用电操作规程，扣 10 分	
合计		100 分		

试题 2-2-5 带孔方形板综合加工

1. 任务描述

现有一件工料（见图 26），需要按规定的图样（见图 27）进行划线、锯割、锉削、钻孔、测量加工，以满足工件图样的要求。

单位：mm

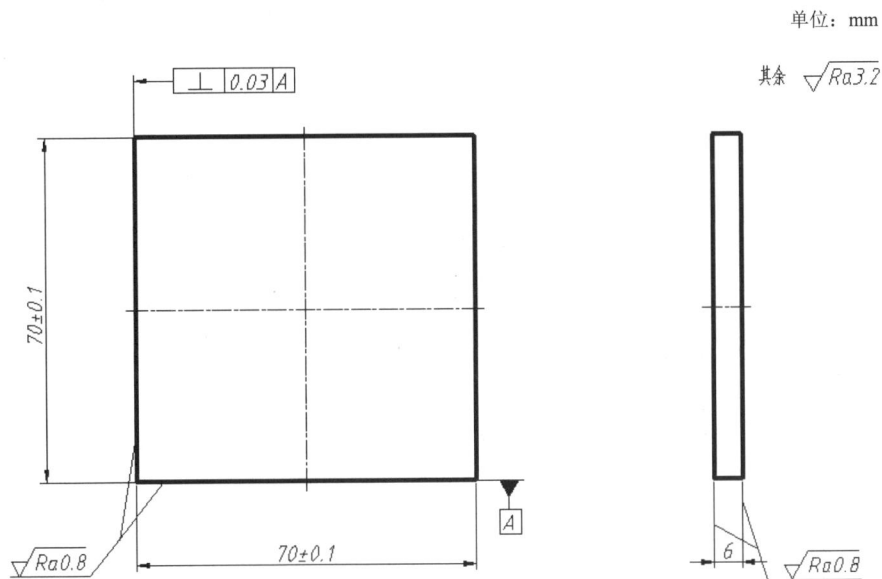

图 26 带孔方形板综合加工备料图

单位：mm

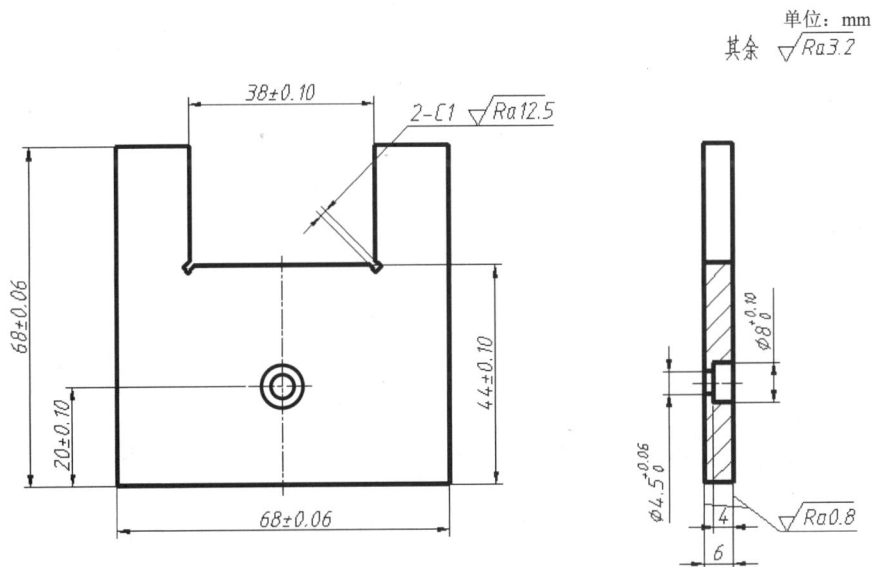

图 27 带孔方形板图样

2. 实施条件（见表 46）

表 46　带孔方形板综合加工实施条件

项目	基本实施条件	备注
场地	可同时容纳 12 人进行划线、锯割、锉削、钻孔的钳工工作场地，照明通风良好	必备
设施	划线平台、方箱或 V 形块、台虎钳、台钻、平口钳	必备
材料	45#钢板，划线涂料	必备
工具	高度游标尺、钢直尺、游标卡尺、万能角度尺、样冲、榔头、划线规、手用钢锯、锯条、锉刀、抹布等	必备
测评专家	每 3 名考生配备一名考评员，考评员为中级以上装配钳工或者工具钳工	必备

3. 考核时量

120 min。

4. 评分细则（见表 47）

表 47　带孔方形板综合加工评价标准

评价项目		配分	考核内容及评分标准	备注
操作过程与规范（20分）	作业前准备	10	（1）要求工具、材料准备齐全，规格型号相符，每缺或错一件扣 5 分； （2）要求安全防护项目齐全、防护操作规范，防护项目每缺一项扣 3 分，防护不规范每处扣 2 分	（1）出现严重设备损坏、人身伤害，扣 40 分； （2）严重违反考场纪律，造成恶劣影响的，本大项记 0 分
	操作过程	10	（1）按照规定图样，清晰、准确地划出工件加工的尺寸样线，尺寸样线不清晰的每处扣 2 分； （2）按划出的尺寸样线进行锯割，未按规定锯割的每处扣 5 分； （3）按划出的尺寸样线进行钻孔，未按规定钻孔的每处扣 5 分； （4）按图样规定进行锉削孔，未按规定锉削孔的每处扣 5 分； （5）损害工具，材料，每件次扣 10 分	

续表

评价项目		配分	考核内容及评分标准	备注
实作结果及质量（60分）	工艺质量标准	50	（1）尺寸及精度符合要求： （38±0.10）mm：每超差 0.01 mm 扣 1 分； （68±0.06）mm（2 处）：每处每超差 0.01 mm 扣 1 分； （44±0.10）mm：每超差 0.01 mm 扣 1 分。 （2）内孔尺寸及精度符合要求： $\phi 4.5^{+0.06}_{0}$ mm：每处超差 0.01 mm 扣 1 分； $\phi 8^{+0.10}_{0}$ mm：超差扣 3 分。 （3）台阶尺寸及精度符合要求： （44±0.10）mm：超差扣 2 分。 （4）空刀槽符合要求： $\phi 1$ mm（2 处）：每不合格一处扣 2 分。 （5）定位尺寸及精度符合要求： （20±0.10）mm：超差扣 4 分。 （6）时间控制合理，每超时 3 min 扣 5 分，超时 10 min 考核立即停止，未完成者扣 20 分	（1）出现严重设备损坏、人身伤害，扣 40 分； （2）严重违反考场纪律，造成恶劣影响的，本大项记 0 分
	功能标准	10	（1）尺寸、精度、粗糙度不合格，扣 5 分； （2）时间控制不到位，扣 5 分	
职业素养（20分）	基本要求	10	（1）作业过程中，工具、仪表、设备等摆放不整齐，扣 2 分； （2）作业完成后，未整理工具、清洁工作现场，扣 5 分； （3）考试迟到，考核过程中做与考试无关的事，不服从考场安排，酌情扣 1～5 分	
	安全防护	10	（1）没有正确穿戴个人防护用品，扣 5 分； （2）不遵守安全用电操作规程，扣 10 分	
合计		100 分		

试题 2-2-6 带孔阶梯板综合加工

1. 任务描述

现有一件工料（见图 28），需要按规定的图样（见图 29）进行划线、锯割、锉削、钻孔、测量加工，以满足工件图样的要求。

单位：mm

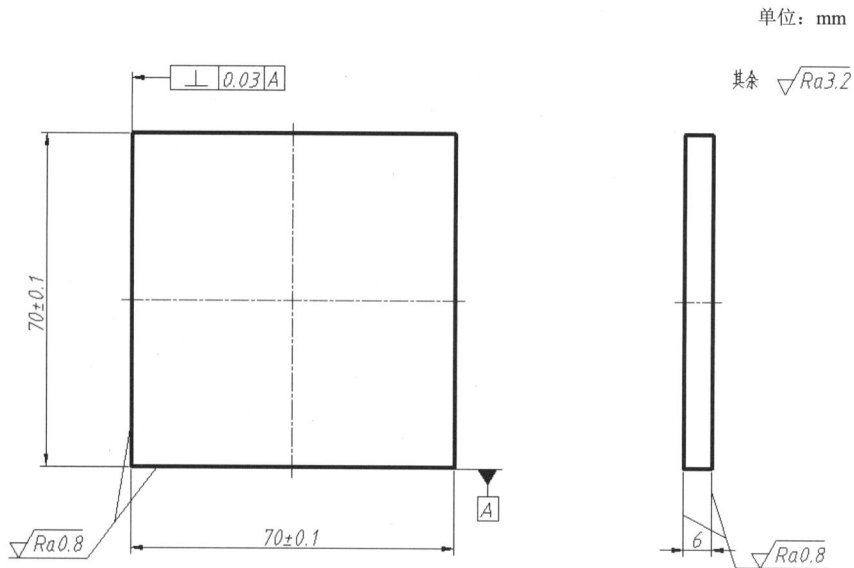

图 28 带孔阶梯板综合加工备料图

单位：mm

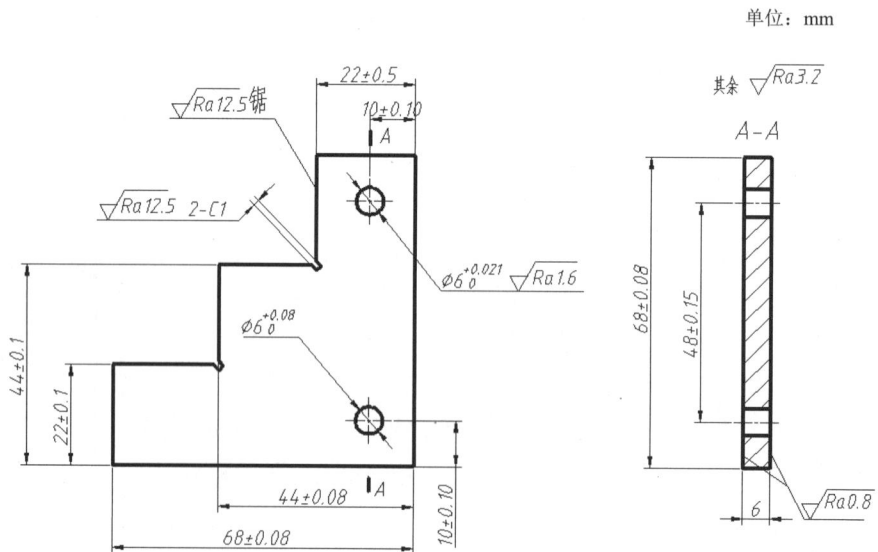

图 29 阶梯板图样

2. 实施条件（见表 48）

表 48　带孔阶梯板综合加工实施条件

项目	基本实施条件	备注
场地	可同时容纳 12 人进行划线、锯割、锉削、钻孔的钳工工作场地，照明通风良好	必备
设施	划线平台、方箱或 V 形块、台虎钳、台钻、平口钳	必备
材料	45# 钢板，划线涂料	必备
工具	高度游标尺、钢直尺、游标卡尺、万能角度尺、样冲、榔头、划线规、手用钢锯、锯条、锉刀、抹布等	必备
测评专家	每 3 名考生配备一名考评员；考评员中级以上装配钳工或者工具钳工	必备

3. 考核时量

120 min。

4. 评分细则（见表 49）

表 49　带孔阶梯板综合加工评价标准

评价项目		配分	考核内容及评分标准	备注
操作过程与规范（20 分）	作业前准备	10	（1）要求工具、材料准备齐全，规格型号相符，每缺或错一件扣 5 分； （2）要求安全防护项目齐全、防护操作规范，防护项目每缺一项扣 3 分，防护不规范每处扣 2 分	（1）出现严重设备损坏、人身伤害，扣 40 分； （2）严重违反考场纪律，造成恶劣影响的，本大项记 0 分
	操作过程	10	（1）按照规定图样，清晰、准确地划出工件加工的尺寸样线，尺寸样线不清晰的每处扣 2 分； （2）按划出的尺寸样线进行锯割，未按规定锯割的每处扣 5 分； （3）按划出的尺寸样线进行钻孔，未按规定钻孔的每处扣 5 分； （4）按图样规定进行锉削孔，未按规定锉削孔的每处扣 5 分； （5）损害工具、材料每件次扣 10 分	

续表

评价项目		配分	考核内容及评分标准	备注
实作结果及质量（60分）	工艺质量标准	50	（1）尺寸及精度符合要求： （22±0.5）mm：每超差0.01 mm扣1分； （22±0.10）mm：每超差0.01 mm扣1分； （68±0.08）mm（2处）：每处每超差0.01 mm扣1分； （44±0.10）mm：每超差0.01 mm扣1分； （44±0.08）mm：每超差0.01 mm扣1分。 （2）内孔尺寸及精度符合要求： $\phi6^{+0.021}_{0}$ mm：超差0.01 mm扣1分； $\phi6^{+0.08}_{0}$ mm：超差扣3分。 （3）中心距尺寸及精度符合要求： （48±0.15）mm：超差扣2分。 （4）空刀槽符合要求： $\phi1$ mm（2处）：每不合格一处扣2分。 （5）定位尺寸及精度符合要求： （10±0.10）mm（2处）：每超差1处扣2分。 （6）表面粗糙度符合要求： $Ra1.6$：粗糙度值大一级，扣2分； $Ra12.5$：粗糙度值大一级，扣1分。 （7）时间控制合理，每超时3 min扣5分，超时10 min考核立即停止，未完成者扣20分	（1）出现严重设备损坏、人身伤害，扣40分； （2）严重违反考场纪律，造成恶劣影响的，本大项记0分
	实作结果	10	（1）尺寸、精度、粗糙度不合格，扣5分； （2）时间控制不到位，扣5分	
职业素养（20分）	基本要求	10	（1）作业过程中，工具、仪表、设备等摆放不整齐，扣2分； （2）作业完成后，未整理工具、清洁工作现场，扣5分； （3）考试迟到，考核过程中做与考试无关的事，不服从考场安排，酌情扣1～5分	

续表

评价项目		配分	考核内容及评分标准	备注
职业素养 （20分）	安全 防护	10	（1）没有正确穿戴个人防护用品，扣 5 分； （2）不遵守安全用电操作规程，扣 10 分	（1）出现严重设备损坏、人身伤害，扣 40 分； （2）严重违反考场纪律，造成恶劣影响的，本大项记 0 分
合计		100 分		

模块 3　动车组运用

项目 1　动车组应急故障处理

试题 3-1-1　CRH380A 型动车组牵引变流器故障 2（情况 1）应急故障处理

1. 任务描述

动车组运行中，当出现牵引变流器故障时，须对该故障进行处理，维持动车组继续运行。学生需要在 CRH380A 型动车组模拟驾驶软件中，按照随车机械师应急故障处理流程，对考评员老师预先设定好的故障进行应急处理。

1）故障处理工艺流程设计

考生对故障进行分析，并设计故障处理工艺流程，故障处理工艺流程在 Word 文档中进行编辑，文档命名方式为："2024×××（考生号）-×××（姓名）-3-1-1（试题编号、名称）应急故障处理工艺流程设计"。

2）故障处理作业

考生应按照自己编制的故障处理工艺流程进行应急故障处理作业。

3）作业记录保存

考生关闭 CRH380A 型动车组模拟驾驶软件，并将软件记录的考生故障处理流程页截屏，保存在 Word 文档中，命名为："×××（考生号）–×××（姓名）–××（试题编号、名称）–应急故障处理记录"，并与设计的故障处理工艺流程一起上交考评人员。

2. 实施条件

CRH380A 型动车组模拟驾驶软件。

3. 考核时量

60 min。

4. 评分细则（见表 50）

表 50   CRH380A 型动车组牵引变流器故障 2（情况 1）应急故障处理评价标准

评价项目		配分	考核内容及评分标准	备注
操作过程与规范（60分）	作业前准备	10	（1）检查作业服装是否穿戴整齐、安全帽是否佩戴，缺少该项扣 5 分； （2）检查检修工具校验日期，缺少该项扣 5 分	
	操作过程	50	（1）按照要求编写动车组牵引变流器故障应急故障处理工艺流程。编写的工艺流程应包括： ① 打开"牵引变流器（车）"页面； ② 打开"远程控制切除页面"； ③ 切除相应 M 车； ④ 进行设定； ⑤ 投入 VCB； ⑥ 打开"牵引变流器（车）"页面； ⑦ 确认故障恢复。 以上各项，每缺少 1 项，扣 2 分。 （2）按照编写的故障处理工艺流程，利用 CRH380A 型动车组模拟驾驶软件进行故障处理。故障处理流程应与工艺流程相同。故障处理步骤每缺少 1 项扣 3 分	
实作结果及质量（20分）		20	（1）未正确编写牵引变流器应急故障处理工艺流程，扣 3 分； （2）牵引变流器应急故障处理未完成，每少一步扣 2 分； （3）时间控制合理，每超时 3 min 扣 5 分，超时 10 min 考核立即停止	

续表

评价项目		配分	考核内容及评分标准	备注
职业素养（20分）	基本要求	10	（1）工艺流程书写不规范，扣3分； （2）未正确启动CRH380A型动车组模拟驾驶软件，扣5分； （3）考试迟到，考核过程中做与考试无关的事，不服从考场安排，酌情扣1～5分	
	安全防护	10	（1）未正确设置作业安全防护措施，扣10分； （2）不遵守安全用电操作规程，扣10分	
合计	100分			

试题 3-1-2 CRH380A 型动车组主电路接地故障（情况 2）应急故障处理

1. 任务描述

动车组运行中，当出现主电路接地故障时，须对该故障进行处理，维持动车组继续运行。学生需要在 CRH380A 型动车组模拟驾驶软件中，按照随车机械师应急故障处理流程，对考评员老师预先设定好的故障进行应急故障处理作业。

1）故障处理工艺流程设计

考生对故障进行分析，并设计故障处理工艺流程，故障处理工艺流程在 Word 文档中进行编辑，文档命名方式为："×××（考生号）-×××（姓名）-3-1-2（试题编号、名称）-应急故障处理工艺流程设计"。

2）故障处理作业

考生应按照自己编制的故障处理工艺流程进行应急故障处理作业。

3）作业记录保存

考生关闭 CRH380A 型动车组模拟驾驶软件，并将软件记录的考生故障处理流程页截屏，保存在 Word 文档中，命名为："×××（考生号）-×××（姓名）-××（试题编号、名称）-应急故障处理记录"，并与设计的故障处理工艺流程一起上交考评人员。

2. 实施条件

CRH380A 型动车组模拟驾驶软件。

3. 考核时量

60 min。

4. 评分细则（见表 51）

表 51　CRH380A 型动车组主电路接地故障（情况 2）应急故障处理评价标准

评价项目		配分	考核内容及评分标准	备注
操作过程与规范（60 分）	作业前准备	10	（1）检查作业服装是否穿戴整齐、安全帽是否佩戴，缺少该项扣 5 分； （2）检查检修工具校验日期，缺少该项扣 5 分	
	操作过程	50	（1）按照要求编写动车组主电路接地故障应急故障处理工艺流程。编写的工艺流程应包括： ① RS 复位操作； ② 投入 VCB； ③ 未恢复； ④ 打开"远程控制切除页面"； ⑤ 选择相应 M 车切除（有/无变压器）； ⑥ 进行设定； ⑦ 切除相应动力单元（闭合 ACK2）； ⑧ 进行设定。 以上各项，每缺少 1 项，扣 2 分。 （2）按照编写的故障处理工艺流程，利用 CRH380A 型动车组模拟驾驶软件进行故障处理。故障处理流程应与工艺流程相同。故障处理步骤每缺少 1 项扣 3 分	
实作结果及质量（20 分）		20	（1）未正确编写主电路接地故障应急故障处理工艺流程，扣 3 分； （2）主电路接地故障应急处理未完成，每少一步扣 2 分； （3）时间控制合理，每超时 3 min 扣 5 分，超时 10 min 考核立即停止	
职业素养（20 分）	基本要求	10	（1）工艺流程书写不规范，扣 3 分； （2）未正确启动 CRH380A 型动车组模拟驾驶软件，扣 5 分； （3）考试迟到，考核过程中做与考试无关的事，不服从考场安排，酌情扣 1～5 分	
	安全防护	10	（1）未正确设置作业安全防护措施，扣 10 分； （2）不遵守安全用电操作规程，扣 10 分	
合计		100 分		

试题 3-1-3 CRH380B 型动车组常用制动不缓解（情况 2）应急故障处理

1. 任务描述

动车组运行中，当出现常用制动不缓解故障时，须对该故障进行处理，维持动车组继续运行。学生需要在 CRH380B 型动车组模拟驾驶软件中，按照随车机械师应急故障处理流程，对考评员老师预先设定好的故障进行应急处理。

1）故障处理工艺流程

考生对故障进行分析，并设计故障处理工艺流程，故障处理工艺流程在 Word 文档中进行编辑，文档命名方式为："×××（考生号）-×××（姓名）-3-1-3（试题编号、名称）-应急故障处理工艺流程设计"。

2）故障处理作业

考生应按照自己编制的故障处理工艺流程进行应急故障处理作业。

3）作业记录保存

考生关闭 CRH380B 型动车组模拟驾驶软件，并将软件记录的考生故障处理流程页截屏，保存在 Word 文档中，命名为："×××（考生号）-×××（姓名）-××（试题编号、名称）-应急故障处理记录"，并与设计的故障处理工艺一起上交考评人员。

2. 实施条件

CRH380B 型动车组模拟驾驶软件。

3. 考核时量

60 min。

4. 评分细则（见表 52）

表 52 CRH380B 型动车组常用制动不缓解（情况 2）应急故障处理评价标准

评价项目		配分	考核内容及评分标准	备注
操作过程与规范（60 分）	作业前准备	10	（1）检查作业服装是否穿戴整齐、安全帽是否佩戴，缺少该项扣 5 分； （2）检查检修工具校验日期，缺少该项扣 5 分	

评价项目		配分	考核内容及评分标准	备注
操作过程与规范（60分）	操作过程	50	（1）按照要求编写动车组常用制动不缓解应急故障处理工艺流程。编写的工艺流程应包括： ① 制动手柄置缓解位； ② 制动手柄置最大常用制动位； ③ 缓解停放制动； ④ 制动手柄推至 OC 位； ⑤ 施加停放制动； ⑥ 制动手柄置缓解位； ⑦ 缓解停放制动； ⑧ 施加牵引力； ⑨ 故障恢复。 以上各项，每缺少1项，扣除2分。 （2）按照编写的故障处理工艺流程，利用 CRH380B 型动车组模拟驾驶软件进行故障处理。故障处理流程应与工艺流程相同。故障处理步骤每缺少1项扣3分	
实作结果及质量（20分）		20	（1）未正确编写常用制动不缓解应急故障处理工艺流程，扣3分； （2）常用制动不缓解应急故障处理未完成，每少一步扣2分 （3）时间控制合理，每超时3 min 扣5分，超时10 min 考核立即停止	
职业素养（20分）	基本要求	10	（1）工艺流程书写不规范，扣3分； （2）未正确启动 CRH380B 型动车组模拟驾驶软件，扣5分； （3）考试迟到，考核过程中做与考试无关的事，不服从考场安排，酌情扣1～5分	
	安全防护	10	（1）未正确设置作业安全防护措施，扣10分； （2）不遵守安全用电操作规程，扣10分	
合计		100 分		

试题 3-1-4　CRH380B 型动车组紧急制动不缓解（情况 3）应急故障处理

1. 任务描述

动车组运行中，当出现紧急制动不缓解故障时，须对该故障进行处理，维持动车组继续运行。学生需要在 CRH380B 型动车组模拟驾驶软件中，按照随车机械师应急故障处理流程，对考评员老师预先设定好的故障进行应急故障处理作业。

1）故障处理工艺流程设计

考生对故障进行分析，并设计故障处理工艺流程，故障处理工艺流程在 Word 文档中进行编辑，文档命名方式为："×××（考生号）-×××（姓名）-3-1-4（试题编号、名称）-应急故障处理工艺流程设计"。

2）故障处理作业

考生应按照自己编制的故障处理工艺流程进行应急故障处理作业。

3）作业记录保存

考生关闭 CRH380B 型动车组模拟驾驶软件，并将软件记录的考生故障处理流程页截屏，保存在 Word 文档中，命名为："×××（考生号）-×××（姓名）-××（试题编号、名称）-应急故障处理记录"，并与设计的故障处理工艺流程一起上交考评人员。

2. 实施条件

CRH380B 型动车组模拟驾驶软件。

3. 考核时量

60 min。

4. 评分细则（见表 53）

表 53　CRH380B 型动车组紧急制动不缓解（情况 3）应急故障处理评价标准

评价项目		配分	考核内容及评分标准	备注
操作过程与规范（60 分）	作业前准备	10	（1）检查作业服装是否穿戴整齐、安全帽是否佩戴，缺少该项扣 5 分； （2）检查检修工具校验日期，缺少该项扣 5 分	

评价项目		配分	考核内容及评分标准	备注
操作过程与规范（60分）	操作过程	50	（1）按照要求编写动车组紧急制动不缓解应急故障处理工艺流程。编写的工艺流程应包括： ① 在司机室右侧故障开关面板上将"ATP隔离"开关打到"隔离"位； ② 制动手柄置"缓解"位； ③ 在司机室右侧故障开关面板上将"转向架监测回路"开关打到"关"位； ④ 在司机室右侧故障开关面板上将"转向架监测回路"开关打到"开"位； ⑤ 在司机室右侧故障开关面板上将"停车制动监测回路"开关打到"关"位； ⑥ 在司机室右侧故障开关面板上将"停车制动监测回路"开关打到"开"位； ⑦ 在司机室右侧故障开关面板上将"紧急制动回路"开关打到"关"位； ⑧ 故障恢复。 以上各项，每缺少1项，扣2分。 （2）按照编写的故障处理工艺流程，利用CRH380B型动车组模拟驾驶软件进行故障处理。故障处理流程应与工艺流程相同。故障处理步骤每缺少1项扣3分	
实作结果及质量（20分）		20	（1）未正确编写紧急制动不缓解应急故障处理工艺流程，扣3分； （2）紧急制动不缓解应急故障处理未完成，每少一步扣2分； （3）时间控制合理，每超时3 min扣5分，超时10 min考核立即停止	
职业素养（20分）	基本要求	10	（1）工艺流程书写不规范，扣3分； （2）未正确启动CRH380B型动车组模拟驾驶软件，扣5分； （3）考试迟到，考核过程中做与考试无关的事，不服从考场安排，酌情扣1～5分	
	安全防护	10	（1）未正确设置作业安全防护措施，扣10分； （2）不遵守安全用电操作规程，扣10分	
合计		100分		

试题 3-1-5　CR400AF 型动车组旅客信息系统 MVB 通信故障应急故障处理

1. 任务描述

动车组运行中，当出现旅客信息系统 MVB 通信故障时，须对该故障进行处理，维持动车组继续运行。学生需要在 CR400AF 型动车组模拟驾驶台中，按照随车机械师应急故障处理流程，对考评员老师预先设定好的故障进行应急故障处理作业。

1）故障处理工艺流程设计

考生对故障进行分析，并在稿纸上设计 CR400AF 型动车组旅客信息系统 MVB 通信故障应急故障处理工艺流程。

2）故障处理作业

考生应按照自己编制的故障处理工艺流程进行应急故障处理作业。

3）作业记录保存

考生完成故障应急处理后，应正常起动动车组。起动动车组后上报考评员，并将编制的故障处理工艺流程上交考评员。

2. 实施条件

CR400AF 型动车组模拟驾驶台。

3. 考核时量

60 min。

4. 评分细则（见表 54）

表 54　CR400AF 型动车组旅客信息系统 MVB 通信故障应急故障处理评价标准

评价项目		配分	考核内容及评分标准	备注
操作过程与规范（60 分）	作业前准备	10	（1）检查作业服装是否穿戴整齐、安全帽是否佩戴，缺少该项扣 5 分； （2）检查检修工具校验日期，缺少该项扣除 5 分	

续表

评价项目		配分	考核内容及评分标准	备注
操作过程 与规范 （60 分）	操作 过程	50	（1）按照要求编写动车组旅客信息系统 MVB 通信故障应急故障处理工艺流程。编写的工艺流程应包括： ① 在 HMI 上查看故障情况； ② 将 05/09 车控制柜中的"PIS 系统控制"断路器断开； ③ 10 s 后再投入； ④ 在 HMI 上查看故障是否消除； ⑤ 动车组恢复正常运行。 以上各项，每缺少 1 项，扣 2 分。 （2）按照编写的故障处理工艺流程，利用 CR400AF 型动车组模拟驾驶台进行故障处理。故障处理流程应与工艺流程相同。故障处理步骤每缺少 1 项扣 3 分	
实作结果及质量 （20 分）		20	（1）未正确编写旅客信息系统 MVB 通信故障应急故障处理工艺流程，扣 3 分； （2）旅客信息系统 MVB 通信故障应急故障处理未完成，每少一步，扣 2 分； （3）时间控制合理，每超时 3 min 扣 5 分，超时 10 min 考核立即停止	
职业素养 （20 分）	基本 要求	10	（1）工艺流程，书写不规范，扣 3 分； （2）未正确启动 CR400AF 型动车组模拟驾驶软件，扣 5 分； （3）考试迟到，考核过程中做与考试无关的事，不服从考场安排，酌情扣 1～5 分	
	安全 防护	10	（1）未正确设置作业安全防护措施，扣 10 分； （2）不遵守安全用电操作规程，扣 10 分	
合计		100 分		

试题 3-1-6　CR400AF 型动车组雨刮器故障应急故障处理

1. 任务描述

动车组运行中，当出现雨刮器故障时，须对该故障进行处理，维持动车组继续运行。学生需要在 CR400AF 型动车组模拟驾驶台中，按照随车机械师应急故障处理流程，对考评员老师预先设定好的故障进行应急故障处理作业。

1）故障处理工艺流程设计

考生对故障进行分析，并在稿纸上设计 CR400AF 型动车组雨刮器故障应急故障处理工艺流程。

2）故障处理作业

考生应按照自己编制的故障处理工艺流程进行应急故障处理作业。

3）作业记录保存

考生完成故障应急处理后，应正常起动动车组，动车组起动后上报考评员，并将编制的故障处理工艺流程上交考评员。

2. 实施条件

CR400AF 型动车组模拟驾驶台。

3. 考核时量

60 min。

4. 评分细则（见表 55）

表 55　CR400AF 型动车组雨刮器故障应急故障处理评价标准

评价项目		配分	考核内容及评分标准	备注
操作过程与规范（60分）	作业前准备	10	（1）检查作业服装是否穿戴整齐、安全帽是否佩戴，缺少该项扣 5 分； （2）检查检修工具校验日期，缺少该项扣 5 分	
	操作过程	50	（1）按照要求编写动车组雨刮器故障应急故障处理工艺流程。编写的工艺流程应包括： ① 查看故障情况； ② 断开雨刮器控制电源； ③ 10 s 后再闭合； ④ 操作雨刮器开关，确认雨刮器动作情况； ⑤ 动车组恢复正常运行。 以上各项，每缺少 1 项，扣 2 分。 （2）按照编写的故障处理工艺流程，利用 CR400AF 型动车组模拟驾驶台进行故障处理。故障处理流程应与工艺流程相同。故障处理步骤每缺少 1 项扣 3 分	

评价项目		配分	考核内容及评分标准	备注
实作结果及质量（20分）		20	（1）未正确编写雨刮器故障应急故障处理工艺流程，扣3分； （2）雨刮器故障应急故障处理未完成，每少一步扣2分； （3）时间控制合理，每超时3 min扣5分，超时10 min考核立即停止	
职业素养（20分）	基本要求	10	（1）工艺流程书写不规范，扣3分； （2）未正确启动CR400AF型动车组模拟驾驶软件，扣5分； （3）考试迟到，考核过程中做与考试无关的事，不服从考场安排，酌情扣1～5分	
	安全防护	10	（1）未正确设置作业安全防护措施，扣10分； （2）不遵守安全用电操作规程，扣10分	
合计		100分		

试题 3-1-7　CR400BF 型动车组受电弓故障应急故障处理

1. 任务描述

动车组运行中，当出现动车组受电弓故障时，须对该故障进行处理，维持动车组继续运行。学生需要在 CR400BF 型动车组模拟驾驶台中，按照随车机械师应急故障处理流程，对考评员老师预先设定好的故障进行应急故障处理作业。

1）故障处理工艺流程设计

考生对故障进行分析，并在稿纸上设计 CR400BF 型动车组受电弓故障应急故障处理工艺流程。

2）故障处理作业

考生应按照自己编制的故障处理工艺流程进行应急故障处理作业。

3）作业记录保存

考生完成故障应急处理后，应正常起动动车组，动车组起动后上报考评员，并将编制的故障处理工艺流程上交考评员。

2. 实施条件

CR400BF 型动车组模拟驾驶台。

3. 考核时量

60 min。

4. 评分细则（见表 56）

表 56　CR400BF 型动车组受电弓故障应急故障处理评价标准

评价项目		配分	考核内容及评分标准	备注
操作过程与规范（60 分）	作业前准备	10	（1）检查作业服装是否穿戴整齐、安全帽是否佩戴，缺少该项扣 5 分； （2）检查检修工具校验日期，缺少该项扣 5 分	
	操作过程	50	（1）按照要求编写动车组受电弓故障应急故障处理工艺流程。编写的工艺流程应包括： ① 限速 200 km/h 以下运行； ② 确认在 HMI 上显示的故障信息及诊断代码； ③ 切除故障受电弓； ④ 升起另一个受电弓； ⑤ 确认故障消除； ⑥ 动车组恢复正常运行。 以上各项，每缺少 1 项，扣 2 分。 （2）按照编写的故障处理工艺流程，利用 CR400BF 型动车组模拟驾驶台进行故障处理。故障处理流程应与工艺流程相同。故障处理步骤每缺少 1 项扣 3 分	
实作结果及质量（20 分）		20	（1）未正确编写受电弓故障应急故障处理工艺流程，扣 3 分； （2）受电弓故障应急故障处理未完成，每少一步扣 2 分； （3）时间控制合理，每超时 3 min 扣 5 分，超时 10 min 考核立即停止	
职业素养（20 分）	基本要求	10	（1）工艺流程书写不规范，扣 3 分； （2）未正确启动 CR400BF 型动车组模拟驾驶软件，扣 5 分； （3）考试迟到，考核过程中做与考试无关的事，不服从考场安排，酌情扣 1～5 分	
	安全防护	10	（1）未正确设置作业安全防护措施，扣 10 分； （2）不遵守安全用电操作规程，扣 10 分	
合计		100 分		

试题 3-1-8　CR400BF 型动车组牵引变流器网络通信故障应急故障处理

1. 任务描述

动车组运行中，当出现动车组牵引变流器网络通信故障时，须对该故障进行处理，维持动车组继续运行。学生需要在 CR400BF 型动车组模拟驾驶台中，按照随车机械师应急故障处理流程，对考评员老师预先设定好的故障进行应急故障处理作业。

1）故障处理工艺流程设计

考生对故障进行分析，并在稿纸上设计 CR400BF 型动车组牵引变流器网络通信故障应急处理工艺流程。

2）故障处理作业

考生应按照自己编制的故障处理工艺流程进行应急故障处理作业。

3）作业记录保存

考生完成故障应急处理后，应正常起动动车组，动车组起动后上报考评员，并将编制的故障处理工艺流程上交考评员。

2. 实施条件

CR400BF 型动车组模拟驾驶台。

3. 考核时量

60 min。

4. 评分细则（见表 57）

表 57　CR400BF 型动车组牵引变流器网络通信故障应急故障处理评价标准

评价项目		配分	考核内容及评分标准	备注
操作过程 与规范 （60 分）	作业前 准备	10	（1）检查作业服装是否穿戴整齐、安全帽是否佩戴，缺少该项扣 5 分； （2）检查检修工具校验日期，缺少该项扣 5 分	
	操作 过程	50	（1）按照要求编写动车组牵引变流器网络通信故障应急处理工艺流程。编写的工艺流程应包括：	

续表

评价项目		配分	考核内容及评分标准	备注
操作过程与规范（60分）	操作过程	50	① 维持运行； ② 确认在 HMI 上显示的故障信息及诊断代码； ③ 在主控端司机室断开主断路器； ④ 按压操纵台上"复位"按钮并保持 5 s； ⑤ 确认故障消除； ⑥ 动车组恢复正常运行。 以上各项，每缺少 1 项，扣 2 分。 （2）按照编写的故障处理工艺流程，利用 CR400BF 型动车组模拟驾驶台进行故障处理。故障处理流程应与工艺流程相同。故障处理步骤每缺少 1 项扣 3 分	
实作结果及质量（20分）		20	（1）未正确编写牵引变流器网络通信故障应急处理工艺流程，扣 3 分； （2）牵引变流器网络通信故障应急处理未完成，每少一步扣 2 分； （3）时间控制合理，每超时 3 min 扣 5 分，超时 10 min 考核立即停止	
职业素养（20分）	基本要求	10	（1）工艺流程书写不规范，扣 3 分； （2）未正确启动 CR400BF 型动车组模拟驾驶软件，扣 5 分； （3）考试迟到，考核过程中做与考试无关的事，不服从考场安排，酌情扣 1～5 分	
	安全防护	10	（1）未正确设置作业安全防护措施，扣 10 分； （2）不遵守安全用电操作规程，扣 10 分	
合计		100 分		

试题 3-1-9　DSA380D 型受电弓捆绑

1. 任务描述

动车组运行中，当出现受电弓故障且无法确保受电弓较长时间处于"折叠"状态时，须对受电弓进行捆绑处理，进而维持动车组继续安全运行。学生需要在 DSA380D 型受电弓教学设备上，按照随车机械师应急故障处理流程，对受电弓进行捆绑处理。

1）故障处理工艺流程设计

考生对故障进行分析，并在稿纸上设计受电弓捆绑工艺流程。

2）故障处理作业

考生应按照自己编制的故障处理工艺流程进行应急故障处理作业。

3）作业记录保存

考生完成故障应急处理后，应正常起动动车组，动车组起动后上报考评员，并将编制的故障处理工艺流程上交考评员。

2. 实施条件

DSA380D 型受电弓实训设备、受电弓捆绑带、安全带、手电筒、信号灯。

3. 考核时量

60 min。

4. 评分细则（见表 58）

表 58　DSA380D 型受电弓捆绑评价标准

评价项目		配分	考核内容及评分标准	备注
操作过程与规范（60分）	作业前准备	10	（1）检查作业服装是否穿戴整齐、安全帽是否佩戴，缺少该项扣 5 分； （2）检查检修工具校验日期，缺少该项扣 5 分	
	操作过程	50	（1）按要求编制动车组受电弓捆绑应急故障处理工艺流程。编写的工艺流程应包括以下内容： ① 信息汇报； ② 申请：下车检查，邻线限速； ③ 确认受电弓状态及接触网结构； ④ 接触网断电； ⑤ 设置防护信号及防溜措施； ⑥ 挂设接地杆； ⑦ 登顶； ⑧ 受电弓总体检查及确认，检查内容应包含：受电弓 PU–4 管。受电弓支撑绝缘子、安装底座、滑板及弓头组装、活动关节、过渡轴承、上导杆、上臂组装、下导杆、下臂组装、升弓装置、ADD 系统、阻尼器、软辫线；	

评价项目		配分	考核内容及评分标准	备注
操作过程与规范（60分）	操作过程	50	⑨ 受电弓捆绑； ⑩ 撤除接地杆； ⑪ 登车； ⑫ 汇报，恢复供电，恢复行车。 以上各项，每缺少 1 项，扣 2 分。 （2）按照编制的工艺流程进行动车组受电弓捆绑作业。故障处理步骤每缺少 1 项扣 3 分	
实作结果及质量（20分）		20	（1）未正确编写受电弓捆绑工艺流程，扣 3 分； （2）捆绑受电弓未完成，每少一步扣 2 分； （3）时间控制合理，每超时 3 min 扣 5 分，超时 10 min 考核立即停止	
职业素养（20分）	基本要求	10	（1）工艺流程书写不规范，扣 3 分； （2）未正确执行动车组检修"四必"作业，扣 5 分； （3）考试迟到，考核过程中做与考试无关的事，不服从考场安排，酌情扣 1～5 分	
	安全防护	10	（1）未正确设置作业安全防护措施，扣 10 分； （2）不遵守安全用电操作规程，扣 10 分	
合计		100 分		

项目 2　动车组操纵

试题 3-2-1　CRH380A 型动车组的起动与驾驶

1. 任务描述

考生利用 CRH380A 型动车组模拟驾驶软件，模拟动车组司机作业流程，起动 CRH380A 型动车组，并正确驾驶动车组运行一段距离。

1）动车组起动工艺流程设计

考生对试题进行分析，并在稿纸上设计 CRH380A 型动车组起动与驾驶操作工艺流程。

2）作业过程

考生根据自己设计的动车组起动与驾驶操作工艺流程，在 CRH380A 型动车组模拟驾驶软件上，模拟动车组司机操作，起动 CRH380A 型动车组，并正确驾驶动车组运行一段距离。

3）作业记录保存

考生完成动车组起动，并驾驶动车组运行一段距离后，上报考评员，并将编制的操作工艺流程上交考评员。

2. 实施条件

CRH380A 型动车组模拟驾驶软件。

3. 考核时量

60 min。

4. 评分细则（见表 59）

表 59　CRH380A 型动车组的起动与驾驶评价标准

评价项目		配分	考核内容及评分标准	备注
操作过程与规范（60 分）	作业前准备	10	（1）检查作业服装是否穿戴整齐、安全帽是否佩戴，缺少该项扣 5 分； （2）检查出乘工具是否携带齐全，缺少该项扣 5 分	
	操作过程	50	（1）按要求编制 CRH380A 型动车组起动与驾驶操作工艺流程。编写的工艺流程中应包括以下内容： ① 制动手柄钥匙置"开"位； ② 制动手柄置"快速"制动位； ③ 升起受电弓； ④ 闭合主断路器； ⑤ 方向手柄置"前"位； ⑥ 启动 ATP，设置并核对列车信息； ⑦ 制动手柄置"运行"位； ⑧ 施加牵引力，起动列车； ⑨ 调整牵引力大小； ⑩ 调整制动力的大小，准备停车。 以上各项，每缺少 1 项，扣 2 分。 （2）按照工艺流程，起动 CRH380A 型动车组，并驾驶动车组一段距离。每缺少 1 项扣 3 分	

评价项目		配分	考核内容及评分标准	备注
实作结果及质量 （20分）		20	（1）未正确编写动车组起动、驾驶工艺流程，扣5分； （2）未正确起动、驾驶动车组，扣5分 （3）时间控制合理，每超时3 min扣5分，超时10 min考核立即停止	
职业素养 （20分）	基本要求	10	（1）工艺流程书写不规范，扣3分； （2）未正确执行动车组呼唤应答作业，扣5分 （3）考试迟到，考核过程中做与考试无关的事，不服从考场安排，酌情扣1～5分	
	安全防护	10	不遵守安全用电操作规程，扣10分	
合计		100分		

试题 3-2-2　CRH380B 型动车组的起动与驾驶

1. 任务描述

考生利用 CRH380B 型动车组模拟驾驶软件，模拟动车组司机作业流程，起动 CRH380B 型动车组，并正确驾驶动车组运行一段距离。

1）动车组起动工艺流程设计

考生对试题进行分析，并在稿纸上设计 CRH380B 型动车组型起动操作工艺流程。

2）作业过程

考生根据自己设计的操作工艺流程，在 CRH380B 型动车组模拟驾驶软件上模拟动车组司机操作，起动 CRH380B 型动车组，并正确驾驶动车组运行一段距离。

3）作业记录保存

考生完成动车组起动，并驾驶动车组运行一段距离后，上报考评员，并将编制的操作工艺流程上交考评员。

2. 实施条件

CRH380B 型动车组模拟驾驶软件。

3. 考核时量

60 min。

4. 评分细则（见表 60）

表 60　CRH380B 型动车组的起动与驾驶评价标准

评价项目		配分	考核内容及评分标准	备注
操作过程与规范（60 分）	作业前准备	10	（1）检查作业服装是否穿戴整齐、安全帽是否佩戴，缺少该项扣 5 分； （2）检查出乘工具是否携带齐全，缺少该项扣 5 分	
	操作过程	50	（1）按要求编制 CRH380B 型动车组的起动与驾驶操作工艺流程。编写的操作工艺流程应包括以下内容： ① 打开蓄电池； ② 闭合主控钥匙，占用司机室； ③ 将方向手柄置"前"位； ④ 升起受电弓； ⑤ 闭合主断路器； ⑥ 将制动手柄置"REL"位； ⑦ 启动 ATP，输入并核对列车信息； ⑧ 缓解停放制动； ⑨ 施加牵引力，起动列车； ⑩ 调整牵引力大小； ⑪ 调整制动力的大小，准备停车。 以上各项，每缺少 1 项，扣 2 分。 （2）按照工艺流程，起动 CRH380B 型动车组，并驾驶一段距离。每缺少 1 项扣 3 分	
实作结果及质量（20 分）		20	（1）未正确编写动车组起动、驾驶工艺流程，扣 5 分； （2）未正确起动、驾驶动车组，扣 5 分 （3）时间控制合理，每超时 3 min 扣 5 分，超时 10 min 考核立即停止	
职业素养（20 分）	基本要求	10	（1）工艺流程书写不规范，扣 3 分； （2）未正确执行动车组呼唤应答作业，扣 5 分 （3）考试迟到，考核过程中做与考试无关的事，不服从考场安排，酌情扣 1～5 分	
	安全防护	10	不遵守安全用电操作规程，扣 10 分	
合计		100 分		

试题 3-2-3　CR400AF 型动车组的起动与驾驶

1. 任务描述

考生利用 CR400AF 型动车组模拟驾驶台,模拟动车组司机作业流程,起动 CR400AF 型动车组,并正确驾驶动车组运行一段距离。

1)动车组起动工艺流程设计

考生对试题进行分析,并在稿纸上设计 CR400AF 型动车组型起动与驾驶操作工艺流程。

2)作业过程

考生根据自己设计的操作工艺流程,在 CR400AF 型动车组模拟驾驶台上模拟动车组司机操作,起动 CR400AF 型动车组,并正确驾驶动车组运行一段距离。

3)作业记录保存

考生完成动车组起动,并驾驶动车组运行一段距离后,上报考评员,并将编制的操作工艺流程上交考评员。

2. 实施条件

CR400AF 型动车组模拟驾驶台。

3. 考核时量

60 min。

4. 评分细则(见表 61)

表 61　CR400AF 型动车组的起动与驾驶评价标准

评价项目		配分	考核内容及评分标准	备注
操作过程与规范（60 分）	作业前准备	10	（1）检查作业服装是否穿戴整齐、安全帽是否佩戴,缺少该项扣 5 分; （2）检查出乘工具是否携带齐全,缺少该项扣 5 分	
	操作过程	50	（1）按要求编制 CR400AF 型动车组起动与驾驶操作工艺流程。编写的操作工艺流程中应包括以下内容:	

评价项目		配分	考核内容及评分标准	备注
操作过程与规范（60分）	操作过程	50	① 司机室设备检查； ② 闭合主控钥匙，占用司机室； ③ 打开蓄电池； ④ 将方向开关置"前"位； ⑤ 将司控器手柄置最大常用制动位； ⑥ 确认 HMI 屏显示正确，打开故障信息界面； ⑦ 在 HMI 上确认高压设备状态，与机械师联控后升弓； ⑧ 闭合主断路器； ⑨ 启动 ATP 电源； ⑩ 进行车辆制动试验； ⑪ 输入 ATP 参数； ⑫ 注册 CIR； ⑬ 缓解停放制动； ⑭ 与机械师、列车长、值班员联控确认状态； ⑮ 施加牵引力，牵引级位在 K2 位以上，列车完成起动； ⑯ 调整牵引力大小运行； ⑰ 调整制动力的大小，准备停车。 以上各项，每缺少 1 项，扣 2 分。 （2）按照工艺流程，起动 CR400AF 型动车组，并驾驶一段距离。每缺少 1 项扣 3 分	
实作结果及质量（20分）		20	（1）未正确编写动车组起动、驾驶工艺流程，扣 5 分； （2）未正确起动、驾驶动车组，扣 5 分 （3）时间控制合理，每超时 3 min 扣 5 分，超时 10 min 考核立即停止	
职业素养（20分）	基本要求	10	（1）工艺流程书写不规范，扣 3 分； （2）未正确执行动车组呼唤应答作业，扣 5 分 （3）考试迟到，考核过程中做与考试无关的事，不服从考场安排，酌情扣 1～5 分	
	安全防护	10	不遵守安全用电操作规程，扣 10 分	
合计		100 分		

试题 3-2-4　CR400BF 型动车组的起动与驾驶

1. 任务描述

考生利用 CR400BF 型动车组模拟驾驶台，模拟动车组司机作业流程，起动 CR400BF 型动车组，并正确驾驶动车组运行一段距离。

1）动车组起动工艺流程设计

考生对试题进行分析，并在稿纸上设计 CR400BF 型动车组起动与驾驶操作工艺流程。

2）作业过程

考生根据自己设计的操作工艺流程，在 CR400BF 型动车组模拟驾驶台上模拟动车组司机操作，起动 CR400BF 型动车组，并正确驾驶动车组运行一段距离。

3）作业记录保存

考生完成动车组起动，并驾驶动车组运行一段距离后，上报考评员，并将编制的操作工艺流程上交考评员。

2. 实施条件

CR400BF 型动车组模拟驾驶台。

3. 考核时量

60 min。

4. 评分细则（见表 62）

表 62　CR400BF 型动车组的起动与驾驶评价标准

评价项目		配分	考核内容及评分标准	备注
操作过程与规范（60 分）	作业前准备	10	（1）检查作业服装是否穿戴整齐、安全帽是否佩戴，缺少该项扣 5 分； （2）检查出乘工具是否携带齐全，缺少该项扣 5 分	

续表

评价项目		配分	考核内容及评分标准	备注
操作过程与规范（60分）	操作过程	50	（1）按要求编制 CR400BF 型动车组起动与驾驶操作工艺流程。编写的操作工艺流程中应包括以下内容： ① 司机室设备检查； ② 闭合主控钥匙，占用司机室； ③ 打开蓄电池； ④ 将方向开关置"前"位； ⑤ 将司控器手柄置最大常用制动位； ⑥ 确认 HMI 屏显示正确，打开故障信息界面； ⑦ 在 HMI 上确认高压设备状态，与机械师联控后升弓； ⑧ 闭合主断路器； ⑨ 启动 ATP 电源； ⑩ 进行车辆制动试验； ⑪ 输入 ATP 参数； ⑫ 注册 CIR； ⑬ 缓解停放制动； ⑭ 与机械师、列车长、值班员联控确认状态； ⑮ 施加牵引力，牵引级位在 K2 位以上，列车完成起动； ⑯ 调整牵引力大小运行； ⑰ 调整制动力的大小，准备停车。 以上各项，每缺少 1 项，扣 2 分。 （2）按照工艺流程，起动 CR400BF 型动车组，并驾驶一段距离。每缺少 1 项扣 3 分	
实作结果及质量（20分）		20	（1）未正确编写动车组起动、驾驶工艺流程，扣 5 分； （2）未正确起动、驾驶动车组，扣 5 分 （3）时间控制合理，每超时 3 min 扣 5 分，超时 10 min 考核立即停止	
职业素养（20分）	基本要求	10	（1）工艺流程书写不规范，扣 3 分； （2）未正确执行动车组呼唤应答作业，扣 5 分 （3）考试迟到，考核过程中做与考试无关的事，不服从考场安排，酌情扣 1～5 分	
	安全防护	10	不遵守安全用电操作规程，扣 10 分	
合计		100 分		

试题 3-2-5 CR400AF 型动车组雾天非正常行车

1. 任务描述

动车组运行中，当出现雾天时，须进行非正常行车。学生需要在 CR400AF 型动车组模拟驾驶台中，按照动车组司机非正常行车标准，对考评员老师预设的非正常行车工况，开展非正常行车作业。

1）非正常行车作业工艺设计

考生对非正常工况进行分析，并在稿纸上设计非正常行车作业工艺流程。

2）作业过程

考生应按照自己编制的非正常行车作业工艺流程，利用 CR400AF 型动车组模拟驾驶台进行非正常行车作业。

3）作业记录保存

考生完成非正常行车作业后，应恢复动车组运行状态，上报考评员，并将编制的非正常行车作业工艺流程上交考评员。

2. 实施条件

CR400AF 型动车组模拟驾驶台。

3. 考核时量

60 min。

4. 评分细则（见表 63）

表 63 CR400AF 型动车组雾天非正常行车评价标准

评价项目		配分	考核内容及评分标准	备注
操作过程与规范（60 分）	作业前准备	10	（1）检查作业服装是否穿戴整齐、安全帽是否佩戴，缺少该项扣 5 分； （2）检查出乘工具是否携带齐全，缺少该项扣 5 分	

续表

评价项目		配分	考核内容及评分标准	备注
操作过程与规范（60分）	操作过程	50	（1）按照要求编写 CR400AF 型动车组雾天非正常行车工艺流程。编写的工艺流程中应包括以下内容： ① 起动动车组； ② 遇到大雾天气报告调度员； ③ 在 CIR 上查看调度指令； ④ 降速至 200 km/h 运行； ⑤ 大雾消失，汇报调度员； ⑥ 动车组恢复正常运行。 以上各项，每缺少 1 项扣 3 分。 （2）按照工艺流程，利用 CR400AF 型动车组模拟驾驶台进行雾天非正常行车作业，每缺少 1 项扣 3 分	
实作结果及质量（20分）		20	（1）未正确编写 CR400AF 型动车组雾天非正常行车工艺流程，扣 5 分； （2）未正确进行 CR400AF 型动车组雾天非正常行车，扣 5 分； （3）时间控制合理，每超时 3 min 扣 5 分，超时 10 min 考核立即停止	
职业素养（20分）	基本要求	10	（1）工艺流程书写不规范，扣 3 分； （2）未正确执行呼唤应答作业，扣 5 分 （3）考试迟到，考核过程中做与考试无关的事，不服从考场安排，酌情扣 1~5 分	
	安全防护	10	不遵守安全用电操作规程，扣 10 分	
合计		100 分		

试题 3-2-6　CR400BF 型动车组区间信号机不开放非正常行车

1. 任务描述

动车组运行中，当出现区间信号机不开放时，须进行非正常行车。学生需要在 CR400BF 型动车组模拟驾驶台中，按照动车组司机非正常行车标准，对考评员老师预设的非正常行车工况，进行非正常行车作业。

1）非正常行车作业工艺设计

考生对非正常工况进行分析，并在稿纸上设计非正常行车作业工艺流程。

2）作业过程

考生应按照自己编制的非正常行车作业工艺流程，利用 CR400BF 型动车组模拟驾驶台进行非正常行车作业。

3）作业记录保存

考生完成非正常行车作业后，应恢复动车组运行状态，上报考评员，并将编制的非正常行车作业工艺流程上交考评员。

2. 实施条件

CR400BF 型动车组模拟驾驶台。

3. 考核时量

60 min。

4. 评分细则（见表 64）

表 64　CR400BF 型动车组区间信号机不开放非正常行车评价标准

评价项目		配分	考核内容及评分标准	备注
操作过程与规范（60 分）	作业前准备	10	（1）检查作业服装是否穿戴整齐、安全帽是否佩戴，缺少该项扣 5 分； （2）检查出乘工具是否携带齐全，缺少该项扣 5 分	
	操作过程	50	（1）按照要求编写 CR400BF 型动车组区间信号机不开放非正常行车工艺流程。编写的工艺流程中应包括以下内容： ① 起动动车组； ② 遇到区间信号机变为红黄灯，停车； ③ 呼叫列车长、调度员； ④ 在 CIR 上查看调度命令，并进行签收； ⑤ 转为目视模式行车； ⑥ 维持运行至完全监控模式； ⑦ 动车组恢复正常运行。 以上各项，每缺少 1 项扣 3 分。 （2）按照工艺流程，利用 CR400BF 型动车组模拟驾驶台进行非正常行车操作，每缺少 1 项扣 3 分	

评价项目		配分	考核内容及评分标准	备注
实作结果及质量（20分）		20	（1）未正确编写 CR400BF 型动车组区间信号机不开放非正常行车工艺流程，扣 5 分； （2）未正确进行动车组区间信号机不开放非正常行车作业，扣 5 分； （3）时间控制合理，每超时 3 min 扣 5 分，每超时 10 min 考核立即停止	
职业素养（20分）	基本要求	10	（1）工艺流程书写不规范，扣 3 分； （2）未正确执行动车组呼唤应答作业，扣 5 分； （3）考试迟到，考核过程中做与考试无关的事，不服从考场安排，酌情扣 1～5 分	
	安全防护	10	不遵守安全用电操作规程，扣 10 分	
合计		100 分		

模块 4　动车组检修

项目 1　动车组日常检查

试题 4-1-1　CR400AF 型动车组操纵台设备的检查

1. 任务描述

动车组司机室设备维护检修时，须对操纵台设备进行检查，确保动车组的运行安全。学生需要利用 CR400AF 型动车组模拟驾驶台，根据动车组地勤机械师作业流程，对 CR400AF 型动车组操纵台设备进行检查作业。

1）检查作业工艺设计

考生在稿纸上设计 CR400AF 型动车组操纵台设备检查工艺流程。

2）作业过程

考生应按照自己编制的检查作业工艺流程，在 CR400AF 型动车组司机室完成操纵台设备检查。

3）作业记录保存

考生完成 CR400AF 型动车组操纵台设备检查后，上报考评员，并将编制的 CR400AF 型动车组操纵台设备检查工艺流程上交考评员。

2. 实施条件

手电筒、CR400AF 型动车组模拟驾驶台。

3. 考核时量

60 min。

4. 评分细则（见表 65）

表 65　CR400AF 型动车组操纵台设备的检查评价标准

评价项目		配分	考核内容及评分标准	备注
操作过程与规范（60 分）	作业前准备	10	（1）要求工具、材料准备齐全，规格型号相符，每缺或错一件扣 5 分； （2）要求安全防护项目齐全、防护操作规范，防护项目每缺一项扣 3 分，防护不规范每处扣 2 分	
	操作过程	50	（1）按要求编制 CR400AF 型动车组操纵台设备检查工艺流程： ① 确认接触网已断电、接地杆已挂设、停放制动已施加； ② 设置防护信号； ③ 检查主手柄、制动手柄，包括外观检查和动作状态检查； ④ 检查电压表、风压表外观； ⑤ 检查各面板开关； ⑥ 检查司机室座椅外观。 以上各项，每缺少 1 项，扣 2 分。 （2）按照编制的工艺流程进行动车组操纵台设备检查： ① 确认接触网已断电、接地杆已挂设、停放制动已施加； ② 设置防护信号； ③ 检查主手柄、制动手柄、电压表、风压表状态，以及各面板按钮开关、座椅外观。 以上各项，每缺少 1 项，扣 3 分	设置故障 2 项

评价项目		配分	考核内容及评分标准	备注
实作结果及质量 （20分）		20	（1）工艺流程编写不正确，扣3分； （2）未严格按工艺流程检查，每处扣3分； （3）预设故障未发现，每漏一项扣3分； （4）时间控制合理，每超时3 min扣5分，超过10 min考核立即停止	设置故障2项
职业素养 （20分）	基本要求	10	（1）工艺流程书写不规范，扣3分； （2）未正确执行动车组检修"四必"作业，扣5分； （3）考试迟到，考核过程中做与考试无关的事，不服从考场安排，酌情扣1～5分	
	安全防护	10	（1）没有正确穿戴个人防护用品，扣5分； （2）没有插设安全防护信号，扣10分； （3）不遵守安全用电操作规程，扣10分	
合计		100分		

试题4-1-2　CR400BF型动车组操纵台设备的检查

1. 任务描述

动车组司机室设备维护检修时，须对操纵台设备进行检查，确保动车组的运行安全。学生需要利用CR400BF型动车组模拟驾驶台，根据动车组地勤机械师作业流程，对CR400BF型动车组操纵台设备进行检查作业。

1）检查作业工艺设计

考生在稿纸上设计CR400BF型动车组操纵台设备检查工艺流程。

2）作业过程

考生应按照自己编制的检查作业工艺流程，在CR400BF型动车组司机室完成操纵台设备检查。

3）作业记录保存

考生完成CR400BF型动车组操纵台检查后，上报考评员，并将编制的CR400BF型动车组操纵台设备检查工艺流程上交考评员。

2. 实施条件

手电筒、CR400BF 型动车组模拟驾驶台。

3. 考核时量

60 min。

4. 评分细则（见表 66）

表 66　CR400BF 型动车组操纵台设备的检查评价标准

评价项目		配分	考核内容及评分标准	备注
操作过程与规范（60 分）	作业前准备	10	（1）要求工具、材料准备齐全，规格型号相符，每缺或错一件扣 5 分； （2）要求安全防护项目齐全、防护操作规范，防护项目每缺一项扣 3 分，防护不规范每处扣 2 分	设置故障 2 项
	操作过程	50	（1）按要求编制 CR400BF 型动车组操纵台设备检查工艺流程： ① 确认接触网已断电、接地杆已挂设、停放制动已施加； ② 设置防护信号； ③ 检查主手柄、制动手柄，包括外观检查和动作状态检查； ④ 检查电压表、风压表外观； ⑤ 检查各面板开关； ⑥ 检查司机室座椅外观。 以上各项，每缺少 1 项，扣 2 分。 （2）按照编制的工艺流程进行动车组操纵台设备检查： ① 确认接触网已断电、接地杆已挂设、停放制动已施加； ② 设置防护信号； ③ 检查主手柄、制动手柄、电压表、风压表状态，以及各面板按钮开关、座椅外观。 以上各项每缺少 1 项，扣 3 分	
实作结果及质量（20 分）		20	（1）工艺流程编写不正确，扣 3 分； （2）未严格按工艺流程检查，每处扣 3 分； （3）预设故障未发现，每漏一项扣 3 分； （4）时间控制合理，每超时 3 min 扣 5 分，超过 10 min 考核立即停止	

评价项目		配分	考核内容及评分标准	备注
职业素养（20分）	基本要求	10	（1）工艺流程书写不规范，扣3分； （2）未正确执行动车组检修"四必"作业，扣5分； （3）考试迟到，考核过程中做与考试无关的事，不服从考场安排，酌情扣1～5分	设置故障2项
	安全防护	10	（1）没有正确穿戴个人防护用品，扣5分； （2）没有插设安全防护信号，扣10分； （3）不遵守安全用电操作规程，扣10分	
合计		100分		

试题 4-1-3 受电弓检查及清洁作业

1. 任务描述

动车组维护检修中，当出现受电弓故障或需要进行周期检查时，须对受电弓进行检测，检测过程中如果发现绝缘子、下臂等组成部件表面脏污，须对脏污设备进行清洁处理，确保动车组的运行安全。学生需要利用 DSA380D/DSA250 型受电弓教学设备，根据动车组地勤机械师作业流程，对受电弓进行检查作业，并对脏污设备进行清洁处理。

1）检查作业工艺设计

考生在稿纸上设计 DSA380D/DSA250 型受电弓检查及清洁作业工艺流程。

2）作业过程

考生应按照自己编制的检查作业工艺流程，在 DSA380D/DSA250 型受电弓教学设备上完成受电弓检查及清洁作业。

3）作业记录保存

考生完成 DSA380D/DSA250 型受电弓检查及清洁作业后，上报考评员，并将编制的 DSA380D/DSA250 型受电弓检查及清洁作业工艺流程上交考评员。

2. 实施条件

手电筒、钢板尺、干净抹布、DSA380D/DSA250 型受电弓教学设备。

3. 考核时量

60 min。

4. 评分细则（见表 67）

表 67 受电弓检查及清洁作业评价标准

评价项目		配分	考核内容及评分标准	备注
操作过程与规范（60分）	作业前准备	10	（1）要求工具、材料准备齐全，规格型号相符，每缺或错一件扣 5 分； （2）要求安全防护项目齐全、防护操作规范，防护项目每缺一项扣 3 分，防护不规范每处扣 2 分	设置故障 5 项，其中隐蔽故障2项，非隐蔽故障3项
	操作过程	50	（1）按要求编制动车组受电弓检查及清洁作业工艺流程： ① 确认接触网已断电、接地杆已挂设、停放制动已施加； ② 设置防护信号； ③ 作业工艺流程应包含：受电弓 PU-4 管、受电弓支撑绝缘子、安装底座、滑板及弓头组装、活动关节、过渡轴承、上导杆、上臂组装、下导杆、下臂组装、升弓装置、ADD 系统、阻尼器、软辫线的外观检查。 以上各项，每缺少 1 项，扣 2 分。 （2）按照编制的工艺流程进行 DSA380D/DSA250型受电弓检查及清洁作业： ① 确认接触网已断电、接地杆已挂设、停放制动已施加； ② 设置防护信号； ③ 检查受电弓 PU-4 管； ④ 检查受电弓支撑绝缘子、安装底座； ⑤ 检查滑板及弓头组装； ⑥ 检查受电弓活动关节、过渡轴承、上导杆、上臂组装、下导杆、下臂组装、升弓装置、ADD 系统、阻尼器、软辫线； ⑦ 撤除防护信号。 以上各项，每缺少 1 项，扣 3 分	
实作结果及质量（20分）		20	（1）工艺流程编写不正确，扣 3 分； （2）未严格按工艺流程检查，每处扣 3 分； （3）预设故障未发现，每漏一项扣 3 分； （4）时间控制合理，每超时 3 min 扣 5 分，超过 10 min 考核立即停止	

评价项目		配分	考核内容及评分标准	备注
职业素养（20分）	基本要求	10	（1）工艺流程书写不规范，扣3分； （2）未正确执行动车组检修"四必"作业，扣5分； （3）考试迟到，考核过程中做与考试无关的事，不服从考场安排，酌情扣1～5分	设置故障5项，其中隐蔽故障2项，非隐蔽故障3项
	安全防护	10	（1）没有正确穿戴个人防护用品，扣5分； （2）没有插设安全防护信号，扣10分； （3）不遵守安全用电操作规程，扣10分	
合计		100分		

试题 4-1-4 受电弓气路检测

1. 任务描述

动车组维护检修中，当出现受电弓故障或需要进行周期检查时，须对受电弓气路进行检查，确保动车组的运行安全。学生需要利用 DSA380D/DSA250 型受电弓教学设备，根据动车组地勤机械师作业流程，对受电弓气路进行检测。

1）检查作业工艺设计

考生在稿纸上设计 DSA380D/DSA250 型受电弓气路检测作业工艺流程。

2）作业过程

考生应按照自己编制的检测作业工艺流程，在 DSA380D/DSA250 型受电弓教学设备上完成受电弓气路检测作业。

3）作业记录保存

考生完成 DSA380D/DSA250 型受电弓气路检测作业后，上报考评员，并将编制的 DSA380D/DSA250 型受电弓气路检测作业工艺流程上交考评员。

2. 实施条件

手电筒、干净抹布、测漏液、DSA380D/DSA250 型受电弓教学设备。

3. 考核时量

60 min。

4. 评分细则（见表68）

表68　受电弓气路检测评价标准

评价项目		配分	考核内容及评分标准	备注
操作过程与规范（60分）	作业前准备	10	（1）要求工具、材料准备齐全，规格型号相符，每缺或错一件扣5分； （2）要求安全防护项目齐全、防护操作规范，防护项目每缺一项扣3分，防护不规范每处扣2分	设置故障5项，其中隐蔽故障2项，非隐蔽故障3项
	操作过程	50	（1）按要求编制DSA380D/DSA250型受电弓气路检测作业工艺流程： ① 确认接触网已断电、接地杆已挂设、停放制动已施加； ② 设置防护信号； ③ 作业工艺流程应包含：升弓装置、ADD系统及碳滑板气路检测，作业过程应包含外观检查、测漏液喷施及升弓检查三个部分。 以上各项，每缺少1项，扣2分。 （2）按照编制的工艺流程进行动车组受电弓气路检测： ① 确认接触网已断电、接地杆已挂设、停放制动已施加； ② 设置防护信号； ③ 检查受电弓升弓装置、ADD装置、碳滑板外观； ④ 使用测漏液检查受电弓升弓装置、ADD装置及碳滑板气路； ⑤ 升起受电弓，进一步确认气路无故障； ⑥ 撤除防护信号。 以上各项，每缺少1项，扣3分	
实作结果及质量（20分）		20	（1）工艺流程编写不正确，扣3分； （2）未严格按工艺流程检查，每处扣3分； （3）预设故障未发现，每漏一项扣3分； （4）时间控制合理，每超时3 min扣5分，超过10 min考核立即停止	
职业素养（20分）	基本要求	10	（1）工艺流程书写不规范，扣3分； （2）未正确执行动车组检修"四必"作业，扣5分； （3）考试迟到，考核过程中做与考试无关的事，不服从考场安排，酌情扣1～5分	
	安全防护	10	（1）没有正确穿戴个人防护用品，扣5分； （2）没有插设安全防护信号，扣10分； （3）不遵守安全用电操作规程，扣10分	
合计		100分		

试题 4-1-5　轮对踏面尺寸的测量

1. 任务描述

动车组维护检修中，当出现轮对踏面故障或需要进行周期检查时，须对轮对踏面进行检查，确保动车组的运行安全。学生需利用 CR400AF/CR400BF 型动车组转向架教学设备，根据动车组地勤机械师作业流程，对轮对踏面尺寸进行测量。

1）检查作业工艺设计

考生在稿纸上设计轮对踏面尺寸测量作业工艺流程。

2）作业过程

考生应按照自己编制的测量作业工艺流程，在 CR400AF/CR400BF 型动车组转向架教学设备上完成轮对踏面尺寸测量作业。

3）作业记录保存

考生完成轮对踏面尺寸测量作业后，上报考评员，并将编制的轮对踏面尺寸测量作业工艺流程上交考评员。

2. 实施条件（见表 69）

表 69　轮对踏面尺寸的测量实施条件

项目	基本实施条件	备注
场地	考场面积 20 m² 以上，地面平整，采光条件良好	必备
设施	CR400AF/CR400BF 型动车组转向架教学设备	必备
材料	抹布、防护手套、轮对尺寸人工测量记录单	必备
工具	LMA 型第四种检查器、轮径尺、内距尺、钢板尺	必备
测评专家	具备本专业考评资格的人员	必备

3. 考核时量

60 min。

4. 评分细则（见表 70）

表 70 轮对踏面尺寸的测量评价标准

评价项目		配分	考核内容及评分标准	备注
操作过程与规范（60分）	作业前准备	10	（1）要求工具、材料准备齐全，规格型号相符，每缺或错一件扣5分； （2）要求安全防护项目齐全、防护操作规范，防护项目每缺一项扣3分，防护不规范每处扣2分	（1）出现严重设备损坏、人身伤害，扣40分； （2）严重违反考场纪律，造成恶劣影响的，本大项记0分
	操作过程	50	（1）检查量具各部技术状态，未确认扣5分； （2）清理擦伤或剥离处杂质，未清理扣5分； （3）尺身应与车轴中心线垂直，未垂直扣5分； （4）第四种检查器E边应与轮缘内侧面贴紧，未贴紧扣5分； （5）第四种检查器A点应与轮缘顶点接触，未接触扣5分； （6）测尺移至凹陷最深处，未移入扣5分	
实作结果及质量（20分）		20	（1）正确读数（允许误差±0.1 mm），每超±0.1 mm扣2分； （2）填写轮对尺寸人工测量记录单，每涂改、错填一处扣2分； （3）按规定程序进行作业，作业程序混乱扣5分； （4）时间控制合理，每超时3 min扣5分，超过10 min考核立即停止	
职业素养（20分）	基本要求	10	（1）操作过程中及作业完成后，工具、仪表、设备等摆放不整齐扣2分； （2）作业完成后未整理工具、清洁工作现场，扣5分； （3）未正确执行动车组检修"四必"作业，扣5分； （4）考试迟到，考核过程中做与考试无关的事，不服从考场安排，酌情扣1~5分	
	安全防护	10	（1）没有正确穿戴个人防护用品，扣5分； （2）没有插设安全防护信号，扣10分； （3）不遵守安全操作规程，扣10分	
合计		100分		

试题 4-1-6　轮对轮缘尺寸的测量

1. 任务描述

动车组维护检修中，当出现轮对轮缘故障或需要进行周期检查时，须对轮对轮缘进行检查，确保动车组的运行安全。学生需利用 CR400AF/CR400BF 型动车组转向架教学设备，根据动车组地勤机械师作业流程，对轮对轮缘尺寸进行测量。

1）检查作业工艺设计

考生在稿纸上设计轮对轮缘尺寸测量作业工艺流程。

2）作业过程

考生应按照自己编制的测量作业工艺流程，在 CR400AF/CR400BF 型动车组转向架教学设备上完成轮对轮缘尺寸测量作业。

3）作业记录保存

考生完成轮对轮缘尺寸测量作业后，上报考评员，并将编制的轮对轮缘尺寸测量作业工艺流程上交考评员。

2. 实施条件（见表 71）

表 71　轮对轮缘尺寸的测量实施条件

项目	基本实施条件	备注
场地	考场面积 20 m² 以上，地面平整，采光条件良好	必备
设施	CR400AF/CR400BF 型动车组转向架教学设备	必备
材料	抹布、防护手套、轮对尺寸人工测量记录单	必备
工具	LMA 型第四种检查器、轮径尺、内距尺	必备
测评专家	具备本专业考评资格的人员	必备

3. 考核时量

60 min。

4. 评分细则（见表 72）

表 72　轮对轮缘尺寸的测量评价标准

评价项目		配分	考核内容及评分标准	备注
操作过程与规范（60 分）	作业前准备	10	（1）要求工具、材料准备齐全，规格型号相符，每缺或错一件扣 5 分； （2）要求安全防护项目齐全、防护操作规范，防护项目每缺一项扣 3 分，防护不规范每处扣 2 分	（1）出现严重设备损坏、人身伤害，扣 40 分； （2）严重违反考场纪律，造成恶劣影响的，本大项记 0 分
	操作过程	50	（1）尺身应与车轴中心线垂直，未垂直扣 5 分； （2）主尺应与轮缘内侧密贴，未密贴扣 5 分； （3）游标底部应接触踏面，未接触扣 5 分； （4）未水平推动游标，扣 5 分； （5）止螺钉未紧固，扣 5 分； （6）未检查轮缘外侧磨耗点，扣 5 分； （7）读数每差±0.5 mm，扣 5 分； （8）角点密贴游标超刻线尺寸未报，扣 5 分	
实作结果及质量（20 分）		20	（1）正确读数（允许误差±0.1 mm），每超±0.1 mm 扣 2 分； （2）填写轮对尺寸人工测量记录单，每涂改、错填一处扣 2 分； （3）按规定程序进行作业，作业程序混乱扣 5 分； （4）时间控制合理，每超时 3 min 扣 5 分，超过 10 min 考核立即停止	
职业素养（20 分）	基本要求	10	（1）操作过程中，工具、仪表、设备等摆放不整齐，扣 2 分； （2）作业完成后，未整理工具、清洁工作现场，扣 5 分； （3）未正确执行动车组检修"四必"作业，扣 5 分； （4）考试迟到，考核过程中做与考试无关的事、不服从考场安排，酌情扣 1～10 分	
	安全防护	10	（1）没有正确穿戴个人防护用品，扣 5 分； （2）没有插设安全防护信号，扣 10 分； （3）不遵守安全操作规程，扣 10 分	
合计		100 分		

试题 4-1-7 轮对轮辋尺寸的测量

1. 任务描述

动车组维护检修中，当出现轮对轮辋故障或需要进行周期检查时，须对轮对轮辋进行检查，确保动车组的运行安全。学生需要利用 CR400AF/CR400BF 型动车组转向架教学设备，根据动车组地勤机械师作业流程，对轮对轮辋尺寸进行测量。

1）检查作业工艺设计

考生在稿纸上设计轮对轮辋尺寸测量作业工艺流程。

2）作业过程

考生应按照自己编制的测量作业工艺流程，在 CR400AF/CR400BF 型动车组转向架教学设备上完成轮对轮辋尺寸测量作业。

3）作业记录保存

考生完成轮对轮辋尺寸测量作业后，上报考评员，并将编制的轮对轮辋尺寸测量作业工艺流程上交考评员。

2. 实施条件（见表 73）

表 73　轮对轮辋尺寸的测量实施条件

项目	基本实施条件	备注
场地	考场面积 20 m² 以上，地面平整，采光条件良好	必备
设施	CR400AF/CR400BF 型动车组转向架教学设备	必备
材料	抹布、防护手套、轮对尺寸人工测量记录单	必备
工具	LMA 型第四种检查器、轮径尺、内距尺	必备
测评专家	具备本专业考评资格的人员	必备

3. 考核时量

60 min。

4. 评分细则（见表 74）

表 74　轮对轮辋尺寸的测量评价标准

评价项目		配分	考核内容及评分标准	备注
操作过程与规范（60分）	作业前准备	10	（1）要求工具、材料准备齐全，规格型号相符，每缺或错一件扣5分； （2）要求安全防护项目齐全、防护操作规范，防护项目每缺一项扣3分，防护不规范每处扣2分	（1）出现严重设备损坏、人身伤害，扣40分； （2）严重违反考场纪律，造成恶劣影响的，本大项记0分
	操作过程	50	（1）尺身应与车轴中心线垂直，未垂直扣8分； （2）第四种检查器E边应与轮缘内侧密贴，未密贴扣5分； （3）第四种检查器A点应与轮缘顶点接触，未接触扣5分； （4）测尺应越过卷边处，未越过扣5分； （5）第四种检查器B点应与踏面接触，未接触扣5分； （6）读数误差允许在±0.5 mm内，每差±0.5 mm，扣5分； （7）角点密贴游标超刻线尺寸未报，扣5分	
实作结果及质量（20分）		20	（1）正确读数（允许误差±0.1 mm），每超±0.1 mm扣2分； （2）填写轮对尺寸人工测量记录单，每涂改、错填一处扣2分； （3）按规定程序进行作业，作业程序混乱扣5分； （4）时间控制合理，每超时3 min扣5分，超过10 min考核立即停止	
职业素养（20分）	基本要求	10	（1）操作过程中，工具、仪表、设备等摆放不整齐，扣2分； （2）作业完成后，未整理工具、清洁工作现场，扣5分； （3）未正确执行动车组检修"四必"作业，扣5分； （4）考试迟到，考核过程中做与考试无关的事，不服从考场安排，酌情扣1~5分	
	安全防护	10	（1）没有正确穿戴个人防护用品，扣5分； （2）没有插设安全防护信号，扣10分； （3）不遵守安全操作规程，扣10分	
合计		100分		

试题 4-1-8 轮对直径及内侧距的测量

1. 任务描述

动车组维护检修中，当出现轮对故障或需要进行周期检查时，须对轮对进行检查，确保动车组的运行安全。学生需要利用 CR400AF/CR400BF 型动车组转向架教学设备，根据动车组地勤机械师作业流程，对轮对直径和内侧距进行测量。

1）检查作业工艺设计

考生在稿纸上设计轮对直径及内侧距测量作业工艺流程。

2）作业过程

考生应按照自己编制的测量作业工艺流程，在 CR400AF/CR400BF 型动车组转向架教学设备上完成轮对直径及内侧距测量作业。

3）作业记录保存

考生完成轮对直径及内侧距测量作业后，上报考评员，并将编制的轮对直径和内侧距测量作业工艺流程上交考评员。

2. 实施条件（见表 75）

表 75　轮对直径及内侧距的测量实施条件

项目	基本实施条件	备注
场地	考场面积 20 m² 以上，地面平整，采光条件良好	必备
设施	CR400AF/CR400BF 型动车组转向架教学设备	必备
材料	抹布、防护手套、轮对尺寸人工测量记录单	必备
工具	LMA 型第四种检查器、轮径尺、内距尺	必备
测评专家	具备本专业考评资格的人员	必备

3. 考核时量

60 min。

4. 评分细则（见表 76）

表 76　轮对直径及内侧距的测量评价标准

评价项目		配分	考核内容及评分标准	备注
操作过程与规范（60分）	作业前准备	10	（1）要求工具、材料准备齐全，规格型号相符，每缺或错一件扣5分； （2）要求安全防护项目齐全、防护操作规范，防护项目每缺一项扣3分，防护不规范每处扣2分	（1）出现严重设备损坏、人身伤害，扣40分； （2）严重违反考场纪律，造成恶劣影响的，本大项记0分
	操作过程	50	（1）作业顺序颠倒，每次扣3分； （2）未确认轮径尺检验标记，扣5分； （3）测量时，未进行移动找位的每次扣3分；螺钉未固定的每个扣3分； （4）测量位置不正确，每次扣3分； （5）轮径尺使用不规范，扣5分	
实作结果及质量（20分）		20	（1）正确读数（允许误差±0.1 mm），每超±0.1 mm扣2分； （2）填写轮对尺寸人工测量记录单，每涂改、错填一处扣2分； （3）按规定程序进行作业，作业程序混乱扣5分； （4）时间控制合理，每超时3 min扣5分，超过10 min考核立即停止	
职业素养（20分）	基本要求	10	（1）操作过程中，工具、仪表、设备等摆放不整齐，扣2分； （2）作业完成后，未整理工具、清洁工作现场，扣5分； （3）未正确执行动车组检修"四必"作业，扣5分； （4）考试迟到，考核过程中做与考试无关的事，不服从考场安排，酌情扣1～5分	
	安全防护	10	（1）没有正确穿戴个人防护用品，扣5分； （2）没有插设安全防护信号，扣10分； （3）不遵守安全操作规程，扣10分	
合计		100分		

试题 4-1-9　制动盘与制动闸片间隙的测量

1. 任务描述

动车组维护检修中，当出现基础制动装置故障或需要进行周期检查时，须对制动盘与制动闸片间隙进行测量，确保动车组的运行安全。学生需要利用动车组基础制动教学设备，根据动车组地勤机械师作业流程，对制动盘与制动闸片间隙进行测量。

1）检查作业工艺设计

考生在稿纸上设计制动盘与制动闸片间隙测量作业工艺流程。

2）作业过程

考生应按照自己编制的测量作业工艺流程，在动车组基础制动教学设备上完成制动盘与制动闸片间隙测量作业。

3）作业记录保存

考生完成制动盘与制动闸片间隙测量作业后，上报考评员，并将编制的制动盘与制动闸片间隙测量作业工艺流程上交考评员。

2. 实施条件

手电筒、塞尺、动车组基础制动教学设备。

3. 考核时量

60 min。

4. 评分细则（见表 77）

表 77　制动盘与制动闸片间隙的测量评价标准

评价项目		配分	考核内容及评分标准	备注
操作过程与规范（60分）	作业前准备	10	（1）要求工具、材料准备齐全，规格型号相符，每缺或错一件扣 5 分； （2）要求安全防护项目齐全、防护操作规范，防护项目每缺一项扣 3 分，防护不规范每处扣 2 分	

续表

评价项目		配分	考核内容及评分标准	备注
操作过程 与规范 （60分）	操作 过程	50	（1）按要求编制动车组制动盘与制动闸片间隙测量作业工艺流程： ①　确认接触网已断电、接地杆已挂设、停放制动已施加； ②　设置防护信号； ③　作业工艺流程应包含对制动盘、制动夹钳单元、制动闸片的外观检查； ④　作业工艺流程应包含：正确使用塞尺测量制动盘与制动闸片间隙； ⑤　作业工艺流程应包含制动盘间隙调整。 以上各项，每缺少1项，扣2分。 （2）按照编制的工艺流程进行动车组制动盘与制动闸片间隙的测量及调整： ①　确认接触网已断电、接地杆已挂设、停放制动已施加； ②　设置防护信号； ③　检查基础制动装置中制动盘、制动夹钳单元、制动闸片的外观状态； ④　使用塞尺测量制动盘与制动闸片间隙； ⑤　调整制动盘与制动闸片间隙，使其处于正确范围之内； ⑥　撤除防护信号。 以上各项，每缺少1项，扣3分	
实作结果及质量 （20分）		20	（1）正确测量制动盘与制动闸片间隙，测量不准确扣3分； （2）判断制动盘与制动闸片间隙的正确性，未判断扣8分； （3）未严格按工艺流程测量，每次扣3分； （4）时间控制合理，每超时3 min扣5分，超时10 min考核立即停止	
职业素养 （20分）	基本 要求	10	（1）工艺流程书写不规范，扣3分； （2）未正确执行动车组检修"四必"作业，扣5分； （3）考试迟到，考核过程中做与考试无关的事，不服从考场安排，酌情扣1～5分	
	安全 防护	10	（1）没有正确穿戴个人防护用品，扣5分； （2）没有插设安全防护信号，扣10分； （3）不遵守安全操作规程，扣10分	
合计		100分		

项目 2 动车组设备维护

试题 4-2-1 受电弓升弓高度的测量及调整

1. 任务描述

动车组维护检修中，当出现受电弓故障或需要进行周期检查时，须对受电弓升弓高度进行测量和调整，确保动车组的运行安全。学生需要利用 DSA380D/DSA250 型受电弓教学设备，根据动车组地勤机械师作业流程，对受电弓升弓高度进行测量和调整。

1）检查作业工艺设计

考生在稿纸上设计 DSA380D/DSA250 型受电弓升弓高度测量和调整作业工艺流程。

2）作业过程

考生应按照自己编制的作业工艺流程，在 DSA380D/DSA250 型受电弓教学设备上完成受电弓升弓高度测量和调整作业。

3）作业记录保存

考生完成受电弓升弓高度测量和调整作业后，上报考评员，并将编制的受电弓升弓高度测量和调整作业工艺流程上交考评员。

2. 实施条件

手电筒、干净抹布、扳手、手钳、卷尺、DSA380D/DSA250 型受电弓教学设备。

3. 考核时量

60 min。

4. 评分细则（见表 78）

表 78 受电弓升弓高度测量及调整评价标准

评价项目		配分	考核内容及评分标准	备注
操作过程与规范（60 分）	作业前准备	10	（1）检查作业服装是否穿戴整齐、安全帽是否佩戴，缺少该项扣 5 分； （2）检查检修工具校验日期，缺少该项扣 5 分	

续表

评价项目		配分	考核内容及评分标准	备注
操作过程 与规范 （60 分）	操作 过程	50	（1）按要求编制 DSA380D/DSA250 型受电弓升弓高度测量及调整作业工艺流程： ① 确认接触网已断电、接地杆已挂设、停放制动已施加； ② 设置防护信号； ③ 作业工艺流程应包含：受电弓 PU-4 管、支撑绝缘子、安装底座、滑板及弓头组装、活动关节、过渡轴承、上导杆、上臂组装、下导杆、下臂组装、升弓装置、ADD 系统、阻尼器、软辫线的外观检查； ④ 作业工艺流程应包含：申请受电弓升弓及升弓高度测量； ⑤ 作业工艺流程应包含：受电弓升弓高度的调整。 以上各项，每缺少 1 项，扣 2 分。 （2）按照编制的工艺流程进行动车组受电弓升弓高度的测量及调整： ① 确认接触网已断电、接地杆已挂设、停放制动已施加； ② 设置防护信号； ③ 检查受电弓 PU-4 管、支撑绝缘子、安装底座、滑板及弓头组装、活动关节、过渡轴承、上导杆、上臂组装、下导杆、下臂组装、升弓装置、ADD 系统、阻尼器、软辫线的外观； ④ 升起受电弓，并对受电弓高度进行测量； ⑤ 调整受电弓高度，使其处于正确范围之内； ⑥ 撤除防护信号。 以上各项，每缺少 1 项，扣 3 分	
实作结果及质量 （20 分）		20	（1）正确测量受电弓升弓高度，未测量扣 3 分； （2）调整受电弓高度至正确范围，未调整扣 10 分； （3）时间控制合理，每超时 3 min 扣 5 分；超时 10 min 考核立即停止	
职业素养 （20 分）	基本 要求	10	（1）工艺流程书写不规范，扣 3 分； （2）未正确执行动车组检修"四必"作业，扣 3 分； （3）操作过程中没有正确使用工具及设备，扣 3 分； （4）考试迟到，考核过程中做与考试无关的事，不服从考场安排，酌情扣 1～5 分	
	安全 防护	10	（1）没有正确设置安全防护措施，扣 10 分； （2）没有遵守安全用电操作规程，扣 10 分	
合计		100 分		

试题 4-2-2　受电弓升降弓时间的测量及调整

1. 任务描述

动车组维护检修中，当出现受电弓故障或需要进行周期检查时，须对受电弓升降弓时间进行测量和调整，确保动车组的运行安全。学生需要利用 DSA380D/DSA250 型受电弓教学设备，根据动车组地勤机械师作业流程，对受电弓升降弓时间进行测量和调整。

1）检查作业工艺设计

考生在稿纸上设计 DSA380D/DSA250 型受电弓升降弓时间测量和调整作业工艺流程。

2）作业过程

考生应按照自己编制的作业工艺流程，在 DSA380D/DSA250 型受电弓教学设备上完成受电弓升降弓时间的测量和调整作业。

3）作业记录保存

考生完成受电弓升降弓时间测量和调整作业后，上报考评员，并将编制的 DSA380D/DSA250 型受电弓升降弓时间测量和调整作业工艺流程上交考评员。

2. 实施条件

手电筒、干净抹布、秒表、DSA380D/DSA250 型受电弓教学设备。

3. 考核时量

60 min。

4. 评分细则（见表 79）

表 79　受电弓升降弓时间的测量及调整评价标准

评价项目		配分	考核内容及评分标准	备注
操作过程与规范（60 分）	作业前准备	10	（1）检查作业服装是否穿戴整齐、安全帽是否佩戴，缺少该项扣 5 分； （2）检查检修工具校验日期，缺少该项扣 5 分	

续表

评价项目		配分	考核内容及评分标准	备注
操作过程 与规范 （60分）	操作 过程	50	（1）按要求编制动车组受电弓升降弓时间测量及调整作业工艺流程： ① 确认接触网已断电、接地杆已挂设、停放制动已施加； ② 设置防护信号； ③ 作业工艺流程应包含：受电弓 PU-4 管、支撑绝缘子、安装底座、滑板及弓头组装、活动关节、过渡轴承、上导杆、上臂组装、下导杆、下臂组装、升弓装置、ADD 系统、阻尼器、软辫线的外观检查； ④ 作业工艺流程应给出正确的受电弓升弓时间； ⑤ 作业工艺流程应给出正确的受电弓降弓时间； ⑥ 如果升降弓时间不正确，将其调整到正确范围内。 以上各项，每缺少 1 项，扣 2 分。 （2）按照编制的工艺流程进行动车组受电弓升降弓时间测量： ① 确认接触网已断电、接地杆已挂设、停放制动已施加； ② 设置防护信号； ③ 检查受电弓 PU-4 管、支撑绝缘子、安装底座、滑板及弓头组装、活动关节、过渡轴承、上导杆、上臂组装、下导杆、下臂组装、升弓装置、ADD 系统、阻尼器、软辫线的外观； ④ 升起受电弓，并测量受电弓升弓时间； ⑤ 降下受电弓，并测量受电弓降弓时间； ⑥ 如果升降弓时间不正确，将其调整到正确范围内； ⑦ 撤除防护信号。 以上各项，每缺少 1 项，扣 3 分	
实作结果及质量 （20分）		20	（1）正确测量受电弓升降弓时间，未测量扣 3 分； （2）判断受电弓升降弓时间的正确性，未判断扣 8 分； （3）时间控制合理，每超时 3 min 扣 5 分；超时 10 min 考核立即停止	
职业素养 （20分）	基本 要求	10	（1）工艺流程书写不规范，扣 3 分； （2）未正确执行动车组检修"四必"作业，扣 3 分； （3）操作过程中没有正确使用工具及设备，扣 3 分； （4）考试迟到，考核过程中做与考试无关的事，不服从考场安排，酌情扣 1～5 分	
	安全 防护	10	（1）没有正确设置安全防护措施，扣 10 分； （2）没有遵守安全用电操作规程，扣 10 分	
合计		100 分		

试题 4-2-3 受电弓静态接触压力的测量及调整

1. 任务描述

动车组维护检修中，当出现受电弓故障或需要进行周期检查时，须对受电弓静态接触压力进行测量和调整，确保动车组的运行安全。学生需要利用 DSA380D/DSA250 型受电弓教学设备，根据动车组地勤机械师作业流程，对受电弓静态接触压力进行测量和调整。

1）检查作业工艺设计

考生在稿纸上设计 DSA380D/DSA250 型受电弓静态接触压力测量和调整作业工艺流程。

2）作业过程

考生应按照自己编制的作业工艺流程，在 DSA380D/DSA250 型受电弓教学设备上完成受电弓静态接触压力测量和调整作业。

3）作业记录保存

考生完成受电弓静态接触压力测量和调整作业后，上报考评员，并将编制的受电弓静态接触压力测量和调整作业工艺流程上交考评员。

2. 实施条件

手电筒、干净抹布、弹簧拉力计、DSA380D/DSA250 型受电弓教学设备。

3. 考核时量

60 min。

4. 评分细则（见表 80）

表 80　受电弓静态接触压力的测量及调整评价标准

评价项目		配分	考核内容及评分标准	备注
操作过程与规范（60 分）	作业前准备	10	（1）检查作业服装是否穿戴整齐、安全帽是否佩戴，缺少该项扣 5 分； （2）检查检修工具校验日期，缺少该项扣 5 分	

续表

评价项目		配分	考核内容及评分标准	备注
操作过程与规范（60分）	操作过程	50	（1）按要求编制动车组受电弓静态接触压力测量及调整作业工艺流程： ① 确认接触网已断电、接地杆已挂设、停放制动已施加； ② 设置防护信号； ③ 作业工艺流程应包含：受电弓 PU-4 管、支撑绝缘子、安装底座、滑板及弓头组装、活动关节、过渡轴承、上导杆、上臂组装、下导杆、下臂组装、升弓装置、ADD 系统、阻尼器、软辫线的外观检查； ④ 作业工艺流程应给出正确的受电弓静态接触压力值； ⑤ 如果压力值不正确，将其调整至正确范围内。 以上各项，每缺少 1 项，扣 2 分。 （2）按照编制的工艺流程进行动车组受电弓静态接触压力测量及调整： ① 确认接触网已断电、接地杆已挂设、停放制动已施加； ② 设置防护信号； ③ 检查受电弓 PU-4 管、支撑绝缘子、安装底座、滑板及弓头组装、活动关节、过渡轴承、上导杆、上臂组装、下导杆、下臂组装、升弓装置、ADD 系统、阻尼器、软辫线的外观； ④ 升起受电弓，测量受电弓静态接触压力； ⑤ 如果压力值不正确，将其调整至正确范围内； ⑥ 撤除防护信号。 以上各项，每缺少 1 项，扣 3 分	
实作结果及质量（20分）		20	（1）正确测量受电弓静态接触压力，未测量扣 3 分； （2）判断受电弓静态接触压力的正确性，未判断扣 8 分； （3）时间控制合理，每超时 3 min 扣 5 分；超时 10 min 考核立即停止	
职业素养（20分）	基本要求	10	（1）工艺流程书写不规范，扣 3 分； （2）未正确执行动车组检修"四必"作业，扣 3 分； （3）操作过程中没有正确使用工具及设备，扣 3 分； （4）考试迟到，考核过程中做与考试无关的事，不服从考场安排，酌情扣 1~5 分	
	安全防护	10	（1）没有正确设置安全防护措施，扣 10 分； （2）没有遵守安全用电操作规程，扣 10 分	
合计		100 分		

试题 4-2-4　动车组受电弓碳滑板的更换

1. 任务描述

动车组维护检修中，当出现受电弓碳滑板磨耗到限时，须对受电弓碳滑板进行更换处理，确保动车组的运行安全。学生需要利用 DSA380D 型受电弓教学设备，根据动车组地勤机械师作业流程，对受电弓碳滑板进行更换。

1）检查作业工艺设计

考生在稿纸上设计 DSA380D 型受电弓碳滑板更换作业工艺流程。

2）作业过程

考生应按照自己编制的作业工艺流程，在 DSA380D 型受电弓教学设备上完成受电弓碳滑板更换作业。

3）作业记录保存

考生完成受电弓碳滑板更换作业后，上报考评员，并将编制的受电弓碳滑板更换作业工艺流程上交考评员。

2. 实施条件

记号笔、棉布、电力定扭矩扳手、手电筒、DSA380D 型受电弓教学设备。

3. 考核时量

60 min。

4. 评分细则（见表 81）

表 81　动车组受电弓碳滑板的更换评价标准

评价项目		配分	考核内容及评分标准	备注
操作过程与规范（60 分）	作业前准备	10	（1）检查作业服装是否穿戴整齐、安全帽是否佩戴，缺少该项扣 5 分； （2）检查检修工具校验日期，缺少该项扣 5 分	
	操作过程	50	（1）按要求编制动车组受电弓碳滑板更换工艺流程； ① 确认接触网已断电、接地杆已挂设、停放制动已施加； ② 设置防护信号；	

续表

评价项目		配分	考核内容及评分标准	备注
操作过程 与规范 （60分）	操作 过程	50	③ 拆除碳滑板两端 ADD 系统的压缩空气连接； ④ 旋松碳滑板固定螺母，然后拆除碳滑板； ⑤ 用一块干净的抹布清洁碳滑板支架的表面； ⑥ 将润滑脂均匀涂抹在碳滑板支架的表面上； ⑦ 紧固碳滑板安装螺母至力矩 15 N·m； ⑧ 连接 ADD 系统的压缩空气连接装置，确保连接处无漏气； ⑨ 联系辅助人员进行受电弓升降弓试验。 以上各项，每缺少 1 项，扣 2 分。 （2）按照编制的工艺流程进行动车组受电弓碳滑板更换，更换完成后撤除防护信号。每缺少 1 项，扣 3 分。	
实作结果及质量 （20分）		20	（1）未按规定力矩紧固或力矩不正确，扣 10 分； （2）受电弓气路连接不正确，升降弓试验失败，扣 10 分； （3）时间控制合理，每超时 3 min 扣 5 分；超时 10 min 考核立即停止	
职业素养 （20分）	基本 要求	10	（1）工艺流程书写不规范，扣 3 分； （2）未正确执行动车组检修"四必"作业，扣 3 分； （3）操作过程中没有正确使用工具及设备，扣 3 分； （4）考试迟到，考核过程中做与考试无关的事，不服从考场安排，酌情扣 1～5 分	
	安全 防护	10	（1）没有正确设置安全防护措施，扣 10 分； （2）没有遵守安全用电操作规程，扣 10 分	
合计		100 分		

试题 4-2-5　塞拉门动态参数的测量及调整

1. 任务描述

动车组维护检修中，当出现塞拉门故障或需要进行周期检查时，须对塞拉门动态参数进行测量和调整，确保动车组的运行安全。学生需要利用动车组电控电动塞拉门教学设备，根据动车组地勤机械师作业流程，对塞拉门动态参数进行测量和调整。

1）检查作业工艺设计

考生在稿纸上设计塞拉门动态参数测量和调整作业工艺流程。

2）作业过程

考生应按照自己编制的作业工艺流程，在动车组电控电动塞拉门教学设备上完成塞拉门动态参数测量和调整作业。

3）作业记录保存

考生完成塞拉门动态参数测量和调整作业后，上报考评员，并将编制的塞拉门动态参数测量和调整作业工艺流程上交考评员。

2. 实施条件

手电筒、秒表、卷尺、动车组电控电动塞拉门教学设备。

3. 考核时量

60 min。

4. 评分细则（见表 82）

表 82　塞拉门动态参数测量与调整作业评价标准

评价项目		配分	考核内容及评分标准	备注
操作过程与规范（60 分）	作业前准备	10	（1）检查作业服装是否穿戴整齐、安全帽是否佩戴，缺少该项扣 5 分； （2）检查检修工具校验日期，缺少该项扣 5 分	
	操作过程	50	（1）按要求编制动车组塞拉门动态参数测量与调整作业工艺流程： ① 确认动车组停放制动已施加，动车组已供电，VCB 已闭合，车侧显示灯正常显示； ② 设置防护信号； ③ 作业工艺流程应包含：门扇、门框、驱动单元，设备安装架、内操作面板、外操作面板、站台补偿器渡板的外观检查； ④ 作业工艺流程应包含：申请塞拉门侧门开门时间测试； ⑤ 作业工艺流程应包含：塞拉门在全开位置时进行开门宽度测量； ⑥ 作业工艺流程应包含：申请塞拉门侧门关门时间测试； ⑦ 作业工艺流程应包含：塞拉门动态参数不符合要求时需要进行调整。	

续表

评价项目		配分	考核内容及评分标准	备注
操作过程与规范（60分）	操作过程	50	以上各项，每缺少1项，扣2分。 （2）按照编制的工艺流程进行动车组塞拉门动态参数测量与调整： ① 确认停放制动已施加、动车组已供电，VCB已闭合、车侧显示灯正常显示； ② 设置防护信号； ③ 检查门扇、门框、驱动单元，设备安装架、内操作面板、外操作面板、站台补偿器渡板的外观； ④ 进行塞拉门开门试验，并对塞拉门开门的时长进行测量； ⑤ 塞拉门在全开位置时，对塞拉门进行开门宽度测量； ⑥ 进行塞拉门关门试验，并对塞拉门关门的时长进行测量； ⑦ 塞拉门动态参数不符合要求时，调整塞拉门，使其处于正确范围之内。 ⑧ 撤除防护信号。 以上各项，每缺少1项，扣3分	
实作结果及质量（20分）		20	（1）正确测量塞拉门开门时长，未测量扣3分； （2）正确测量塞拉门开门宽度，未测量扣3分； （3）正确测量塞拉门关门时长，未测量扣3分； （4）当塞拉门动态参数不符合要求时，未将其调整至正确范围，扣10分； （5）时间控制合理，每超时3 min扣5分；超时10 min考核立即停止	
职业素养（20分）	基本要求	10	（1）工艺流程书写不规范，扣3分； （2）未正确执行动车组检修"四必"作业，扣3分； （3）操作过程中没有正确使用工具及设备，扣3分； （4）考试迟到，考核过程中做与考试无关的事，不服从考场安排，酌情扣1～5分	
	安全防护	10	（1）没有正确设置安全防护措施，扣10分； （2）没有遵守安全用电操作规程，扣10分	
合计		100分		

试题 4-2-6 动车组制动闸片的更换

1. 任务描述

动车组维护检修中，当出现制动闸片磨耗到限时，须对制动闸片进行更换处理，确保动车组的运行安全。学生需要利用动车组基础制动教学设备，根据动车组地勤机械师作业流程，对制动闸片进行更换。

1）检查作业工艺设计

考生在稿纸上设计动车组制动闸片更换作业工艺流程。

2）作业过程

考生应按照自己编制的作业工艺流程，在动车组基础制动教学设备上完成制动闸片更换作业。

3）作业记录保存

考生完成制动闸片更换作业后，上报考评员，并将编制的制动闸片更换作业工艺流程上交考评员。

2. 实施条件

手电筒、记号笔、螺丝刀、动车组基础制动教学设备。

3. 考核时量

60 min。

4. 评分细则（见表 83）

表 83 动车组制动闸片的更换评价标准

评价项目		配分	考核内容及评分标准	备注
操作过程与规范（60分）	作业前准备	10	（1）检查作业服装是否穿戴整齐、安全帽是否佩戴，缺少该项扣 5 分； （2）检查检修工具校验日期，缺少该项扣 5 分	
	操作过程	50	（1）按要求编制动车组制动闸片更换工艺流程： ① 确认接触网已断电、接地杆已挂设、停放制动已施加；	

评价项目		配分	考核内容及评分标准	备注
操作过程与规范（60分）	操作过程	50	② 设置防护信号； ③ 确认制动缸截断塞门已关闭； ④ 使用螺丝刀将闸片扳向远离制动盘一侧； ⑤ 打开锁簧，用螺丝刀将其向外拉； ⑥ 从制动闸片托架上取下闸片，注意防止闸片掉落； ⑦ 另一侧用相同方法拆下闸片； ⑧ 将新闸片放到闸片托架的导轨中并沿弧形推到头； ⑨ 将锁簧挑下，使其自动弹回制动闸片托架的开口中； ⑩ 检查锁簧位置，确认闸片安装完好； ⑪ 确认制动缸截断塞门已打开； ⑫ 确认闸片安装状态。 以上各项，每缺少1项，扣2分。 （2）按照编制的工艺流程，进行动车组制动闸片更换，更换完成后撤除防护信号。每缺少1项，扣3分	
实作结果及质量（20分）		20	（1）制动闸片取下操作不正确，扣5分； （2）制动闸片安装操作不正确，扣5分； （3）闸片更换过程中出现闸片跌落，扣10分； （4）时间控制合理，每超时3 min扣5分；超时10 min考核立即停止	
职业素养（20分）	基本要求	10	（1）工艺流程书写不规范，扣3分； （2）未正确执行动车组检修"四必"作业，扣3分； （3）操作过程中没有正确使用工具及设备，扣3分； （4）考试迟到，考核过程中做与考试无关的事，不服从考场安排，酌情扣1~5分	
	安全防护	10	（1）没有正确设置安全防护措施，扣10分； （2）没有遵守安全用电操作规程，扣10分	
合计		100分		